lonely planet

NEW YORK

PARTIR EN FAMILLE

Mickaël Rocamora

Mickaël Rocamora

Amoureux de la ville pour l'avoir visitée à de nombreuses reprises, Mickaël décide de s'y installer à l'été 2015. Après avoir goûté à l'agitation de Midtown, il a élu domicile dans l'Upper East Side. Photographe amateur, il a réalisé quelques photos de cette nouvelle édition. Pour en voir plus instagram @theamericanfrenchy.

L'illustratrice lili Bé

lili Bé est une artiste française qui vit à Londres. Elle partage sa vie entre son rôle de maman, son travail d'illustratrice et la tenue d'un blog très drôle (130cartons.com) qui dépeint la vie d'une maman française à Londres. Son talentueux coup de crayon illumine les pages du guide et du livret enfant.

En Voyage Éditions | un département édi8

PARTIR EN FAMILLE À NEW YORK
5e édition

92 avenue de France, 75013 Paris.
Direction Frédérique Sarfati-Romano
Direction éditoriale Didier Férat
Fabrication Céline Premel-Cabic
Imprimé par L.E.G.O. (Legatoria Editoriale Giovanni Olivotto), Italie
Dépôt légal Mars 2020
ISBN 978 28161 54788

Conception et réalisation
Dominique Goldsztejn

Un grand merci à En Voyage Éditions et plus particulièrement à Frédérique Sarfati-Romano pour sa confiance et à Didier Férat pour ses précieux conseils. Merci à toutes les bonnes fées (elles se reconnaîtront) qui m'ont soutenue tout au long de cette aventure. Merci aussi à tous les charmants *kids* qui se sont prêtés à nos enquêtes sur place. Merci du fond du cœur à toute mon équipe pour me suivre dans toutes mes exigences. Et bien sûr merci à vous lecteurs, qui m'avaient témoigné au cours de ces années remerciements, suggestions et encouragements à continuer et à faire grandir cette collection. Vos messages me touchent énormément et permettent d'améliorer sans cesse la collection, alors surtout continuez à vous exprimer en écrivant à :
commentaires@tfbw.eu

Coordination
TFBW Éditions
Conception graphique
François Loudenot
Coordination éditoriale
Chloe Bingham
Cartographie
Kamisphère
Contributions
Joao Alviz, Claire Berteaux, Clara Kasser, Louise Letourneur, Liz Marcadet, Isabelle Petit, Nathalie Portier-Marret

Ça y est, c'est décidé, vous allez emmener votre couvée à New York.

Excellente idée ! Nous avons conçu ce guide pour qu'il soit votre partenaire idéal au cours de cette escapade. Il s'adresse aussi bien aux adultes qu'aux petits globe-trotteurs. Musées, attractions, balades, jeux de piste, restaurants, goûters, pique-niques, shopping, hôtels... tout a été pensé et testé pour répondre aux besoins spécifiques d'une tribu en voyage.

De New York, une des villes les plus filmées, on connaît déjà tout : la forêt de gratte-ciels, les taxis jaunes, les écrans géants de Times Square, les fumées des bouches d'aération, la statue de la Liberté et même la bande-son avec les sirènes tonitruantes. Mais une fois que vous aurez posé le pied à Manhattan, son gigantisme et son effervescence vous laisseront émerveillés et sans voix. C'est comme dans les films, mais en plus grand et en vrai !

Admirer New York vu d'en haut, visiter les plus grands musées, monter à bord d'un porte-avions, s'initier aux nouvelles technologies, faire du shopping ou déguster le meilleur cheesecake de la ville... Big Apple a tout pour plaire aux grands et aux petits. Mais New York (on devrait dire d'ailleurs New York City), ce n'est pas que Manhattan ! Brooklyn, le Queens, le Bronx... valent aussi le détour.

On fait quoi aujourd'hui ? Quand est-ce qu'on mange ? Où est-ce qu'on dort ? On fait comment ? Ne cherchez plus, vous avez toutes les réponses entre les mains avec, en prime, un cahier de 24 pages de jeux pour vos lutins.

Allez, hop, c'est parti !

SOMMAIRE

ONE WAY
ONE WAY
BROADWAY

lonely planet
NEW YORK

Où quand comment ?

Un peu d'histoire

En quelques siècles, Manna-Hata, "l'île aux collines" des Indiens algonquins, est devenue une ville unique au monde. Découverte puis colonisée par les Européens, la baie de New York a traversé les siècles avec des succès, des crises et des conflits pour accueillir aujourd'hui une métropole dynamique et cosmopolite.

Découverte et colonisation

Cosmopolite ? Vous avez dit cosmopolite… Eh bien oui, et ça commence dès la découverte de la baie en 1524, lors d'une expédition commandée par François Ier au navigateur florentin Verrazano, qui baptisa l'île de Manhattan : Angoulême. En 1609 l'explorateur anglais Henry Hudson, sous la houlette des Hollandais et pour le compte de la Compagnie néerlandaise des Indes orientales, pénètre à son tour dans la baie. Il remonte le fleuve auquel il va donner son nom. Les Hollandais s'installent et fondent la Nouvelle-Amsterdam.

En 1624, selon la légende, Peter Minuit achète l'île de Manna-Hata aux Indiens pour 60 florins (l'équivalent de 20 $). En 1664, les Anglais s'emparent de la ville qui passe dans les mains du duc d'York et devient… New York !

Peter Stuyvesant
Nommé en 1647 directeur général de la Nouvelle-Amsterdam, il est le dernier à avoir administré la colonie hollandaise. Il est si autoritaire et si mal aimé que, lorsqu'il a demandé à ses hommes de défendre la colonie contre les Anglais, personne n'a voulu se battre. Et les Anglais ont vaincu sans combat.

Indépendance et développement

Avec l'arrivée grandissante des colons européens, New York va devenir, dès 1720, la troisième grande colonie américaine. C'est malheureusement aussi l'une des villes qui comptent le plus d'esclaves. Suite à la

promulgation de lois discriminatoires, des émeutes éclatent et la guerre d'Indépendance débute en 1773. Par le traité de Paris de 1783, l'Angleterre reconnaît l'indépendance de la fédération américaine.

Une période de prospérité s'ensuit et New York voit, à partir de 1811, son urbanisme se développer, notamment avec la conception du plan quadrillé de Manhattan.

Dans les années 1820, New York, avec une population de 127 000 habitants, devient la ville la plus peuplée des États-Unis.

Au cours du XIXe siècle, fuyant la misère ou les persécutions, les immigrants débarquent par vagues successives et se regroupent par communautés géographiques ou culturelles dans les différents quartiers de la ville : juifs, Polonais, Irlandais, Allemands, Italiens, Chinois, Russes.

Arrive une période chaotique avec la guerre de Sécession qui prend fin en 1865, année où Abraham Lincoln est assassiné. En 1858 sont entrepris des travaux d'aménagement, et 1873 verra l'implantation d'un vaste parc au centre de Manhattan : Central Park.

Avec les dernières années du XIXe siècle s'ouvre une ère de modernisation. On assiste à la construction du métro aérien, du Met (Metropolitan Museum of Art), du Metropolitan Opera, du pont de Brooklyn et à la mise en place du réseau électrique. En 1886, la statue de la Liberté prend place à l'entrée du port. Cette œuvre de Bartholdi offerte par la France est devenue le symbole de l'espoir pour les millions d'immigrants qui ne cessent d'affluer. Ces derniers forgent l'image de melting-pot dont s'enorgueillit New York, une ville où l'on parle des dizaines de langues.

Le krach de 1929

Le 24 octobre, après l'éclatement d'une bulle spéculative, c'est la panique à Wall Street ! En trois jours, tout le monde veut vendre ses titres et le marché s'écroule dans une spirale infernale. La crise se propage à l'échelle du monde. Elle durera jusqu'à la Seconde Guerre mondiale.

La fin du siècle voit se dessiner la métropole telle que nous la connaissons aujourd'hui et, en 1898, New York se compose déjà de ses cinq *boroughs* (arrondissements) : Manhattan, Brooklyn, le Bronx, le Queens et Staten Island.

Architecte et modernité

Les grands travaux se poursuivent avec le métro souterrain. Des édifices sortent de terre comme le Flatiron, Grand Central Station, le Woolworth Building (le plus haut du monde jusqu'en 1930).

Après la Première Guerre mondiale, les hispanophones commencent à s'installer. En 1929, une journée connue sous le nom de “jeudi noir” voit éclater le krach boursier de Wall Street qui entraîne une crise touchant l'économie de la ville, mais aussi celles du pays et de la planète.

Des centaines de milliers d'habitants se retrouvent au chômage et à la rue. Dans les années 1930, de nouvelles constructions voient le jour : l'Empire State Building, le Chrysler Building, le Rockefeller Center. Les années 1960 à 1980 se révèlent difficiles. Émeutes et délinquance s'installent dans une ville qui connaît un nombre croissant de pauvres. En 1965, le leader noir Malcom X est assassiné à Harlem.

Le World Trade Center est inauguré en 1973, mais le centre d'affaires est loin d'être un succès. En effet, New York connaît de graves difficultés économiques et se trouve, en 1975, au bord de la faillite. En 1989, le premier maire noir de New York est élu. En 1993, avec l'élection de Rudy Giuliani au poste de maire, New York renoue enfin avec la prospérité. Le programme de “tolérance zéro” mené par

ce dernier, tant sur le plan de la criminalité que sur celui de la propreté ou des finances, va redorer l'image de la ville.

Des tragédies et des rebonds

Le 11 septembre 2001 marque une nouvelle date noire dans l'histoire de New York. L'attaque terroriste contre les tours jumelles est un événement sans précédent. Les conséquences, tant économiques que psychologiques, sont désastreuses. Les images du 11 septembre font le tour du monde, marquant les esprits à jamais. La construction d'un mémorial est lancé en 2006. Les National September 11 Memorial & Museum sont inaugurés le 11 septembre 2011. En mai 2015, le One World Observatory (p. 53) est enfin accessible au public. Perchée au sommet du One World Trade Center, c'est la plus haute tour de New York.

New York sort de la crise économique qui a débuté en 2008 et retrouve son dynamisme tant sur le plan touristique qu'économique. Rudy Giuliani termine son second mandat en décembre 2011. Michael Bloomberg lui succède, et Bill de Blasio est élu en 2014. Le 31 octobre 2012, la ville est frappée par un nouveau drame, l'ouragan Sandy, qui cause de graves dégâts. Mais ses habitants font preuve de leur habituelle combativité pour que New York, "la ville qui ne dort jamais", retrouve son effervescence et son aura légendaires.

En 2017, Bill de Blasio est réélu. La grosse pomme continue de grossir avec, depuis 2019, pas moins de 20 projets de nouveaux buildings de plus de 200 m de haut, et un tout nouveau quartier à Hudson Yards.

Vivre comme les New-Yorkais

Les New-Yorkais ont quelques petites habitudes que vous pourrez facilement observer en vous promenant.

Siroter son café en marchant

Le début de journée de la plupart des New-Yorkais commence par un café acheté sur le chemin du travail, de l'école, de la salle de sport. Il est généralement servi brûlant dans un grand gobelet en carton ; seule une bague de carton évite de s'ébouillanter ou de se glacer en été. Il n'y a pas un seul bloc de New York où l'on ne puisse acheter un café à emporter.

Déjeuner d'une lunch box

Sans accès à une cantine ou à une cafétéria, une bonne partie des New-Yorkais apporte son repas pour pouvoir déjeuner vite et pas cher. Le concept du repas du midi ne fait pas partie, en effet, de la culture américaine. Dans les écoles, les enfants doivent souvent même prendre leur lunch en moins de 25 min. La *lunch box* permet de transporter facilement son déjeuner. Simple ou fun, il y en a de toutes sortes.

Les food trucks

New York est la capitale des camions-restaurants. Ces *food trucks* que l'on trouve dans toute la ville continuent à proposer hot-dogs, bagels ou falafels. Mais la *street food*, la “nourriture dans la rue”, ne rime plus avec sandwich mou avalé à la va-vite. Le choix est vaste : cuisines italienne, grecque, latino, plats bio, gaufres belges, cupcakes, glaces. Poussés

par le prix des loyers dans Manhattan, de plus en plus de cuisiniers, et pas des moindres, sont descendus dans la rue pour proposer une cuisine de qualité et même parfois gastronomique. Vous trouverez la liste des *food trucks* et leur localisation sur le site roaminghunger.com/ny.

Les taxis jaunes

New York ne serait pas New York sans ses taxis jaunes. Le choix de cette couleur remonte à 1915, quand la Yellow Cab Company fut fondée et implantée dans les principales villes américaines. Une étude de l'université de Chicago avait déclaré cette couleur comme étant la plus visible de loin. Une loi votée en 1967 imposera le jaune à tous les taxis agréés. Mais ne soyez pas surpris de voir aussi des taxis… verts ! Ils assurent la liaison entre Manhattan et les autres *boroughs* de New York (on ne peut pas les utiliser pour circuler dans Manhattan seulement). Pas de station, les chauffeurs sont en maraude. Il vous suffit de lever la main pour qu'il y en ait un qui s'arrête.

Please wait to be seated

Attention, à New York, comme d'ailleurs dans tout le reste des États-Unis, on ne s'installe pas comme on veut dans un restaurant. Il faut attendre qu'un membre du personnel vous conduise à votre table. Autre règle très américaine : on ne double pas dans les files d'attente devant les magasins, les restaurants, le métro et même aux arrêts de bus. Les New-Yorkais sont très respectueux de cette règle de savoir-vivre et attendent de même des visiteurs.

Les jours fériés

L'année comprend dix jours fériés, mais ici un jour férié ne veut pas dire obligatoirement un jour chômé. Les restaurants et les boutiques sont en effet ouverts 365 jours par an. Certains musées ferment pour Thanksgiving, Noël et le jour de l'An.

- **Jour de l'An** (1er janvier)
- **Martin Luther King Day** (3e lundi de janvier)
- **President Day** (3e lundi de février)
- **Memorial Day** (dernier lundi de mai)
- **Fête nationale** (4 juillet)
- **Labor Day** (1er lundi de septembre)
- **Colombus Day** (2e lundi d'octobre)
- **Veteran Day** (11 novembre)
- **Thanksgiving** (4e jeudi de novembre)
- **Noël** (25 décembre)

New York en fêtes

De nombreuses manifestations se déroulent tout au long de l'année. Attendez-vous à une foule compacte dans toutes les rues, mais New York en fêtes, cela ne se rate pas. Voici notre sélection d'événements à vivre en famille.

Fin janvier - début février (date variable) : Chinese New Year et Lunar New Year Parade

New York célèbre le nouvel an chinois avec de nombreux évènements. Le jour même, les festivités débutent dans les rues de Chinatown, avec l'explosion de 600 000 pétards à 12h pour faire fuir les mauvais esprits, suivie d'un défilé avec danses du dragon et du lion. Quelques jours plus tard, un grand défilé, la Lunar New Year Parade, se déroule aussi dans Chinatown avec chars, dragons, arts martiaux, musiciens et pétards. Un grand feu d'artifice est tiré au dessus de l'Hudson River ; le voir depuis les berges du New Jersey permet d'avoir l'Empire State comme décor.

Mi-mars : St Patrick's Day Parade

Le plus ancien défilé de New York se déroule sur la 5th Avenue (entre la 44th St et la 79th St). Il est conduit

par les troupes du 165e régiment d'infanterie irlandais. C'est de loin la plus importante parade avec celle de Thanksgiving, même s'il ne s'agit en réalité que d'un défilé de personnes d'origine irlandaise entrecoupé de quelques groupes de musique.

Pâques : Easter Parade et Easter Bonnet Festival

Sur la très célèbre 5th Avenue, de la 49th St à la 57th St, les New-Yorkais défilent coiffés de chapeaux amusants. La zone autour de la cathédrale Saint-Patrick est un point de vue idéal. Petite manifestation très pittoresque et amusante pour les enfants.

Mai (1er week-end après la fête des Mères) : 9th Avenue Internatioanl Food Festival

Festival culinaire très fréquenté qui se tient sur la 9th Avenue (fermée pour l'occasion à la circulation entre la 42nd St et la 57th St). Restaurants et stands de rue proposent des cuisines de tous les pays. Ambiance festive et musicale.

Mi juin : Concerts in the Parks

Faites découvrir la musique classique à vos enfants grâce à ces concerts gratuits de la New York Philharmonic qui ont lieu en juin dans les différents parcs de la ville et qui se terminent par un feu d'artifice.

Fin juin : The Mermaid Parade

Chaque année depuis 1983 a lieu la Mermaid Parade qui voit défiler des femmes et des hommes déguisés en sirènes sur la promenade en bois de Coney Island. Un spectacle original qui plaira à tous.

Fin juin à fin août : Coney Island Friday Night Fireworks

Chaque vendredi de l'été, après une promenade sur le *boardwalk* de Coney Island ou un tour de manège au Luna Park, profitez d'un feu d'artifice tiré depuis la plage. De quoi bien finir la journée.

4 juillet : Independance Day (fête nationale)

Un spectacle pyrotechnique éblouissant aux sons du New York Pops Orchestra, à admirer depuis les quais. Selon les années, il a lieu sur les quais de l'Hudson ou de l'East River. Arrivez tô !

4 juillet : Nathan's Hot Dog Eating Contes

Concours un peu loufoque qui a lieu chaque année à Coney Island pour

savoir qui est capable de manger le plus de hot dogs en 10 minutes. Il est organisé par la célèbre marque de hot dogs, Nathan's, qui a ouvert son premier stand à New York en 1916 Record à battre : 71 !

Fin juillet à fin août : Harlem Week

Une semaine qui dure... un mois, pour découvrir l'histoire et la culture de Harlem. Rassemblements festifs, dégustations culinaires, spectacles, expositions artistiques, événements sportifs... Il y en a pour tous les goûts, tous les âges et la plupart des activités sont gratuites.

Les 3 premiers samedis du mois d'août : Summer Streets

Durant ces trois journées d'été, entre 7h et 13h, plus de 11 km de rues sont ouvertes uniquement aux piétons pour marcher, courir, faire du vélo... du pont de Brooklyn jusque Central Park le long de Park Avenue.

Début août : Hong Kong Dragon Boat Festival

Sur l'eau, plus de 120 bateaux-dragons défilent sur le lac Meadow. Sur terre, musique, danses, arts martiaux, artisanat et gastronomie sont mis à l'honneur.

Mi-septembre : Feast of San Gennaro

Little Italy rend hommage au saint patron de Naples (saint Janvier). Le quartier est en fête pendant 11 jours avec parades, spectacles, gastronomie et concours de pâtisseries.

Septembre : Atlantic Antic

À Brooklyn, sur Atlantic Avenue, se tient une foire de rue. Nombreuses scènes avec musiques et spectacles divers, mais aussi balades à poney pour les enfants et cuisine du monde entier pour petits et grands gourmands.

2e lundi d'octobre : Columbus Day Parade

Ce lundi commémore l'arrivée de Christophe Colomb aux Amériques en 1492. Un jour festif qui réunit, sur la 5th Avenue, les New-Yorkais et les touristes de tous horizons venus admirer les musiciens et les chars de la parade. Le défilé va de la 44th St jusqu'à la 72th St.

31 octobre : Halloween

Une tradition très américaine, bien qu'elle ait franchi les frontières. En fin de journée, les kids grimés vont de maison en maison pour le traditionnel trick or treat ("des bonbons ou un sort") et récoltent

des sucreries au passage. Dans Greenwich Village, des gens déguisés, des danseurs et des marionnettes défilent le long de la 6th Avenue pour la Village Halloween Parade. Déconseillée aux très jeunes enfants à cause de la foule et des costumes sanguinaires. Une parade spéciale pour les enfants a lieu l'après-midi au Washington Square park. Quelques jours plus tôt, les chiens ont aussi droit à leur parade lors de la Tompkins Square Halloween Dog Parade. Très amusant !

Mi-novembre à mi-janvier : Holiday Train Show

Au jardin botanique, des trains circulent à travers les grands sites majeurs de New York dans un décor miniaturisé. Un régal pour les petits... Bon, O.K., les grands aussi pourront en profiter. Réservation recommandée sur nybg.org.

4e jeudi de novembre : Macy's Thanksgiving Day Parade

Ce défilé de chars, dominés par des ballons géants à l'effigie de personnages de dessins animés, est sponsorisé par la chaîne de grands magasins Macy's. La parade démarre de la 77th St et Central Park West, puis emprunte Central Park South. Elle descend ensuite la 6th Avenue pour finir à la 34th St. La veille, on peut assister, juste à côté de l'American Museum of Natural History, au gonflage des ballons qui prend pas moins d'1h30 par ballon !

25 décembre : Christmas

Lumières, guirlandes et chants de Noël (*carols*) rendent New York féerique. Au Rockefeller Center, un immense sapin est installé ainsi qu'une patinoire. Le spectacle des Rockettes est joué au Radio City Music Hall. Les *department stores*, quant à eux, présentent de merveilleuses vitrines tout comme Saks et Bergdorf Goodman sur la 5th Avenue. À Brooklyn, les plus belles maisons illuminées de la ville sont regroupées dans le quartier de Dyker Heights. L'expression *happy holidays* (bonnes fêtes) est souvent utilisée en cette période, elle fait référence aux différentes fêtes religieuses (chrétienne et juive).

31 décembre : Times Square New Year's Eve

Une foule rassemblant des milliers de personnes s'amasse dans les rues autour de Times Square. Tous attendent avec impatience, aux douze coups de minuit, la descente d'une gigantesque boule de cristal qui marque le passage à l'année suivante. Il est conseillé d'arriver tôt et de se couvrir chaudement.

EWYORK

On fait quoi aujourd'hui ?

Le cœur de New York bat à Manhattan, où sont concentrées la plupart des activités touristiques. Nous avons découpé Manhattan en quatre zones. Lower Manhattan couvre la pointe de l'île en face de la statue de la Liberté. Downtown s'étend de Chinatown à Chelsea avec ses quartiers au charme pittoresque. Midtown abrite Times Square et les théâtres de Broadway. À Upper Manhattan se côtoient Central Park et les grands musées de la ville. Mais New York, c'est aussi des *boroughs* comme Brooklyn, le Queens ou le Bronx qui offrent des activités sympas à faire en famille.

Midtown

1. MoMA (p. 70)
2. Top of the Rock (p. 74)
3. Times Square (p. 75)
4. Grand Central Terminal (p. 80)
5. Edge (p. 87)
6. Intrepid Sea Air Space Museum (p. 83)

Lower Manhattan

1. Statue de la Liberté (p. 42)
2. One World Observatory (p. 53)

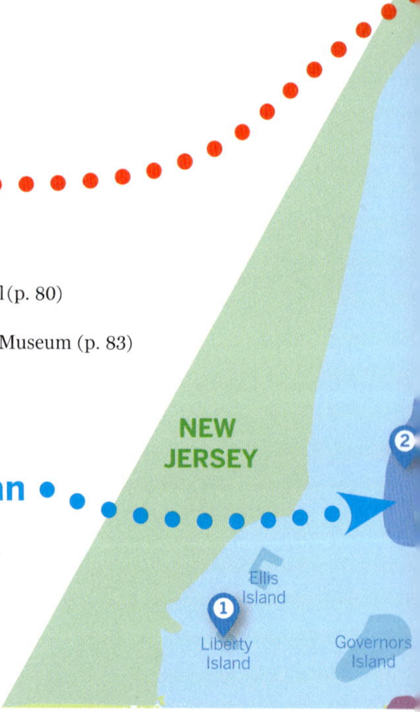

Upper Manhattan

1. Central Park (p. 88)
2. Roosevelt Island Tramway (p. 96)
3. Metropolitan Museum of Art (p. 98)
4. American Museum of Natural History (p. 105)

Downtown

1. High Line (p. 54)
2. Whitney Museum (p. 58)
3. Tenement Museum (p. 63)

Brooklyn

1. Brooklyn Bridge Park (p.112)
2. Brooklyn Heights (p. 116)
3. Brooklyn Museum (p. 119)

SUIVEZ LE GUIDE

Les visites ne manquent pas à New York. Choisir va donc être le plus difficile. Pour vous aider, nous avons concocté quelques parcours pour plaire à toute la famille. Ni trop courts, ni trop longs, ils alternent agréablement visites culturelles, moments de détente, pauses gourmandes et virées shopping. Ouvrez grand vos yeux et vos oreilles, vous êtes prêts ? Alors, suivez le guide !

Nos parcours

Parcours n° 1

Le matin, prenez le bateau pour aller visiter la statue de la Liberté et Ellis Island. Après-midi récré avec le jeu de piste "Sur les bords de l'Hudson". Fin de journée à South Street Seaport avec une vue sur Brooklyn Bridge.

• **9h30** • Rendez-vous à la station de métro South Ferry pour gagner le quai d'embarquement d'où part le bateau pour visiter la **statue de la Liberté** (p. 42) et le musée de l'Immigration à **Ellis Island** (p. 46). Réservez vos billets tôt (pour le bateau et la visite de la statue) afin d'éviter les longues files d'attente.

• **10h15** • Embarquez sur l'un des **bateaux** de Statue Cruises (p. 43) – 15 min environ.

• **10h30** • Visite de la **statue de la Liberté**. À votre arrivée, pensez à demander le *livret Junior Ranger Program* pour les 7-12 ans.

• **11h30** • Puis reprenez le bateau pour gagner **Ellis Island** et visitez le **musée de l'Immigration**. Ensuite, remontez à bord du bateau pour regagner **Battery Park**.

• **14h** • Faites le jeu de piste “Sur les bords de l'Hudson” (p. 153) qui vous conduira **de Battery Park au Pier 25**. Une très belle promenade.

• **17h** • Redescendez par West St jusqu'à la **1 WTC**, la première tour du nouveau World Trade Center. Puis, passez devant le **mémorial** consacré aux tours détruites lors des attentats du 11 septembre. Au choix: le **One World Observatory** (p. 53) pour profiter d'une des plus belles vues panoramiques de Manhattan (mais il faudra avoir réservé vos billets tôt) ou **shopping** dans Church St pour tenter de faire des affaires chez **Century 21** (p. 203)

• **18h** • Empruntez Fulton St pour rejoindre l'autre rive. Vous êtes arrivés à **South Street Seaport** (p. 49), l'ancien port de New York, pour un moment de détente ou de shopping. Promenez-vous dans ses rues pavées et sur ses pontons. Vous pouvez y dîner et finir la journée en profitant de la vue sur **Brooklyn Bridge**.

Parcours n° 2

Visite du Muséum d'histoire naturelle, puis direction Central Park pour vous rendre au zoo. Allez admirer la ville du 70e étage du Top of the Rock avant de vous plonger dans l'effervescence de Times Square.

• **10h** • Commencez en allant rendre visite aux terribles dinosaures de l'**American Museum of Natural History** (p. 105). Vous pourrez aussi voir une incroyable collection de grands mammifères empaillés, des pierres précieuses et bien d'autres choses encore.

• **12h30** • Vous pouvez ensuite aller manger un burger chez **Shake Shack** (p. 190), juste derrière le muséum, au coin de W 77th St et de Columbus Ave. Mais si le temps est au beau fixe, embarquez votre panier-repas et allez manger dans **Central Park**. Prenez l'entrée à la W 77th St et installez-vous près du lac (The Lake).

• **13h30** • Profitez maintenant pleinement de **Central Park** (p. 88). Remontez vers le nord pour partir à la découverte d'un château tout droit sorti d'un dessin animé : le **Belvedere Castle** (p. 92) ou faites un tour de barque.

• **14h** • Repartez vers le sud. Engagez-vous dans une petite forêt, **The Ramble**. Traversez le lac par le Bow Bridge, jusqu'à Bethesda Terrace. Puis prenez le passage qui rejoint une allée ombragée, The Mall. Elle vous conduira à l'angle sud-est de Central Park.

• **15h** • Venez assister au grand show des otaries au **Central Park Zoo** (p. 94).

• **16h45** • Quittez **Central Park** et descendez la fameuse 5th Avenue vers la 59th St. Pour les fans de la marque à la pomme, faites un stop à l'**Apple Store** (p. 221) ouvert 24h/24 et 365 jours par an. Les amateurs de luxe pourront admirer les vitrines de **Bergdorf Goodman** au coin de la 58th St.

• **17h30** • Reprenez la 5th Avenue vers le sud, jusqu'au **Rockefeller Center**, pour aller admirer la vue sur tout New York depuis le 70e étage de **Top of the Rock** (p. 74), entrée sur W 50th St (entre la 5th et 6th Ave). Pensez à réserver en ligne à l'avance.

• **18h45** • Dîner en musique chez **Ellen's Stardust** (p. 186) sur Broadway (angle W 51st St). Vous pouvez passer par **Times Square** (p. 75) brillant de ses centaines d'écrans de jour comme de nuit, avant et/ou après le dîner (Broadway, à partir de la W 47th St).

Parcours n° 3

La journée commence par la visite du Metropolitan Museum (le Met) et continue avec le jeu de piste dans l'une des plus grandes gares du monde. Et pour finir la journée, que diriez-vous d'une petite virée à Brooklyn ?

• **10h** • Direction le plus grand musée de la ville : le **Metropolitan Museum of Art** (p. 98), le Met, pour aller voir des antiquités grecques ou égyptiennes, ou des masques d'Océanie. Prenez le livret enfant pour faire le jeu de piste dans le musée.

• **12h** • Vous pouvez déjeuner au restaurant du musée, pique-niquer à **Central Park** situé juste derrière, ou aller dans un des restaurants du *food court* de **Grand Central Terminal**, votre prochaine étape (p. 187).

• **13h30** • Rejoignez **Grand Central** en prenant les lignes 4 ou 5 du métro à la station 86 St (sur Lexington Ave) et descendez à la station Grand Central. Gagnez le hall de la gare, Grand Central Terminal. Avant de commencer le jeu du livret enfant, un petit conseil gourmand : faites une pause pour déguster les délicieux cheesecakes de **Junior's** (p. 186).

• **15h** • De Grand Central, prenez le métro pour rejoindre la station Lexington Av-59 St par les lignes 4, 5 ou 6. Que diriez-vous d'une petite balade dans les airs avec le **Roosevelt Island Tramway** (p. 96) ? Voici une façon amusante de découvrir la ville vue du ciel. Un petit aller-retour, et hop ! retrouvez le pavé new-yorkais.

• **16h** • Depuis la station Lexington Av-59 St, reprenez le métro vers Brooklyn Bridge-City Hall par les lignes 4, 5 ou 6, en direction de Downtown.

• **16h30** • Traversez le pont qui relie Manhattan à Brooklyn. Une fois arrivés de l'autre côté, descendez le long des berges de l'East River en empruntant Old Fulton St. Passez sous le pont pour rejoindre **Brooklyn Bridge Park**.

• **17h45** • Pourquoi ne pas faire un tour au **Jane's Carousel** ? (p. 143). Ce manège datant de 1922 a été habillé de verre par l'architecte français Jean Nouvel. Vous pouvez ensuite aller acheter une glace à l'une des adresses les plus réputées de New York, **Ample Hills Creamery** (p. 199) et visiter son petit musée.

• **18h30** • Pour le dîner, **Grimaldi's** (p. 196), une des pizzerias les plus populaires de New York, vous attend au coin de Front St et de Fulton St. Il y a souvent la queue, donc n'attendez pas d'être déjà affamés. Sinon, rendez-vous au **Time Out Market** (p. 196). Cet ancien entrepôt a été transformé en *food court* avec de multiples restaurants. Ne partez pas sans monter sur le *rooftop* (toit terrasse), pour profiter de la magnifique vue.

Parcours n° 4

En route pour le plus célèbre des musées d'art moderne, le MoMA. Ensuite, partez à la découverte des jardins suspendus de la High Line, pour finir à Hudson Yards, le plus récent des quartiers de la ville.

• **9h30** • Passez faire une visite rapide de la **St Patrick's Cathedral** (p. 73) sur la 5th Avenue, la plus grande cathédrale catholique des USA, fief de la communauté irlandaise de New York. Ensuite, remontez l'avenue jusqu'à la W 53rd St que vous prenez sur la gauche.

• **10h** • Allez jusqu'au musée d'art moderne, le **MoMA** (p. 70). Achetez vos billets en ligne au préalable pour éviter l'interminable file d'attente.

MoMA

• **12h30** • Dévorez un burger à l'informel **Burger Joint** (p. 186) caché derrière le hall d'entrée de l'hôtel Parker Meridien (W 56th St, entre 6th Ave et 7th Ave) ou, sinon, allez manger au *Salad Bar* du temple de la nourriture bio, **Whole Foods**, à Columbus Circle (p. 189). Vous pouvez aussi emporter vos emplettes pour pique-niquer à **Central Park**.

• **13h30** • Rejoignez le quartier de **Chelsea**. Prenez la ligne E à la station 7 Av (angle 7th Ave et 53rd St), la A ou la C depuis 59 St-Columbus Circle. Descendez à la station 14 St.

Subway

• **14h** • Remontez quelques blocs pour atteindre le début de la **High Line** (p. 54), (angle de Gansevoort St et de Washington St). Cette coulée verte suspendue se faufile entre les immeubles et offre des vues spectaculaires.

• **16h** • Au bout de la High Line, vous attend le tout nouveau quartier de **Hudson Yards**, où trône le **Vessel** (p.85), une sorte de Tour Eiffel inversée qui fait aussi office d'œuvre d'art géante pour le quartier. En fonction de l'état de fatigue de la tribu, vous pourrez gravir les 15 étages de la structure qui donnent de jolies vues sur le quartier.

• **17h** • Pour finir cette belle journée, allez assister au spectacle du coucher du soleil depuis la terrasse du **Edge** (p. 87), perchée au 100ᵉ étage de la tour la plus haute du quartier. Pour vos petits aventuriers, une surprise de taille les attend puisqu'une partie du sol est en verre. Absolument Magique !

Parcours n° 5

Nous vous emmenons à la découverte de West Village grâce à un jeu de piste. Après un bon brunch, promenade digestive en flânant dans le quartier branché de Brooklyn, Williamsburg. Puis retour sur Manhattan en bateau, pour terminer la journée, avec la ville illuminée, à vos pieds depuis le haut de l'Empire State Building.

• **9h** • Rendez-vous à la station de métro Broadway-Lafayette, située au cœur de **Greenwich Village** (The Village comme on le surnomme). C'est le moment de faire, en famille, le jeu de piste du West Village (p. 144). C'est une façon très agréable de débuter la journée dans ce quartier plutôt calme de Manhattan.

• **10h30** • Faites une petite pause dans le jeu de piste, et direction l'angle de la W 11th St et de Bleecker St, pour aller goûter les délicieux cupcakes de **Magnolia Bakery** (p. 183). Reprenez ensuite le jeu.

• **12h30** • Rejoignez le quartier hipster de **Williamsburg** pour bruncher. Pour cela, remontez quelques blocs sur la 6th Avenue, depuis la bibliothèque, pour prendre la ligne L direction Brooklyn au croisement de la 14th St. Descendez à l'arrêt Bedford Av.

• **13h00** • Régalez-vous au restaurant **Egg** (p. 197), sur la N 3rd St entre Berry St et Wythe Ave. Si vous êtes plutôt sucré, optez pour **Bakeri** (p. 199), une petite boulangerie où on sert aussi de très bons plats.

• **14h30** • Nous vous proposons de passer l'après-midi à arpenter les rues de **Williamsburg** pour découvrir ce quartier à l'ambiance décontractée avec ses restaurants, boutiques, bars et cafés. Bedford est l'avenue la plus animée, mais n'hésitez pas à vous aventurer un peu dans les petites rues à la recherche de **street art** très présent dans ce quartier.

• **15h15** • Pour un petit moment détente et de jeux pour les plus petits, arrêtez-vous au **McCarren Park** (p. 199).

• **16h** • Puis prenez la N 6th St en direction de l'East River. Sur la rive de Brooklyn, admirez la vue de Manhattan depuis ce point, avant de monter à bord du **NYC Ferry**. Vous retournez sur Manhattan en bateau (20 min de traversée) tout en profitant d'incroyables vues sur Midtown

et ses buildings. Les tickets de ferry sont en vente sur le site nycferry.com ou aux billetteries automatiques sur place. Vous allez débarquer à l'angle de E 34th St et de la voie rapide F.D.R.

• **16h40** • Il vous faudra un peu moins de 20 min de marche pour arriver à l'**Empire State Building** (p. 79), ou 10 min si vous empruntez le bus M34-SBS. Sinon, le plus pratique est de prendre un taxi ou un VTC.

• **17h** • Allez faire un petit coucou à **King Kong** qui vous attend au 2e étage de l'Empire State Building. Du **86e étage**, profitez d'une vue à couper le souffle, avec un panorama à 360º sur toute la ville. Inoubliable ! Regardez les lumières des buildings s'allumer au fur et à mesure que le soleil se couche.

• **19h** • Après cette longue journée, vous apprécierez une pause burger chez **Shake Shack** (p. 181) situé dans le Madison Square Park, face au fameux **Flat Iron Building**. Ces burgers sont considérés par beaucoup comme les meilleurs de la ville.

• **20h30** • Avant de quitter le quartier, ne manquez pas de lever les yeux pour voir l'**Empire State Building** qui se pare chaque soir, de différentes couleurs pour honorer les évènements importants de la ville (fêtes, victoires sportives...). Dans le quartier, de nombreux points de vue permettent de jouir de ce spectacle. Rassurez-vous, même si ce soir le bâtiment n'est pas mis en couleur, vous pourrez toutefois admirer sa pointe qui scintille pendant 5 min chaque heure.

SHAKE SHACK

Et s'il pleut

Il arrive que des pluies diluviennes s'abattent sur la ville. Mieux vaut vérifier la météo chaque matin pour s'y préparer. Voici quelques conseils pour vous occuper en cas d'intempéries.

Tout d'abord, bien sûr, les musées. Vous avez le choix entre deux immenses institutions comme le **Metropolitan Museum** (p. 98) ou l'**American Museum of Natural History** (p. 105), tous deux parfaits pour oublier la pluie sans risquer de s'ennuyer. Le **MoMA** (p. 70) est aussi une bonne alternative ainsi que le **Whitney Museum** (p. 58).

Vous pouvez aussi choisir des lieux qui proposent des activités spécifiquement destinées aux enfants comme le **Brooklyn Children Museum** (p. 121), pour les plus petits, ou le **Children's Museum of the Arts** (p. 61) avec toute sa palette d'activités manuelles.

Madame Tussauds (p. 77) et ses stars seront ravies de vous recevoir le temps que la pluie s'arrête.

Pour les petits scientifiques, des musées consacrés aux sciences sont également très distrayants : le **New York Hall of Science** (p. 126), le **Liberty Science Center** (p. 131) ou le **MoMath** (p. 59).

Une alternative : une visite ludique de **Grand Central Terminal** (p. 80) avec le jeu du livret pour enfants... ou encore une virée shopping dans les grands magasins.

New York pour tous les goûts

Que vos petites canailles soient des puits de science, des artistes en herbe ou simplement des enfants curieux, ils trouveront de quoi s'amuser à New York !

Pour les amoureux des animaux

- Les zoos de Central Park (p. 94), du Bronx (p. 127) et du Prospect Park à Brooklyn (p. 117)
- New York Aquarium (p. 122) pour ses requins

Pour les moussaillons

- L'Intrepid (p. 83) pour découvrir un porte-avions et un sous-marin
- Une promenade en bateau, avec la Circle Line (p. 35), le NYC Ferry (p. 34) ou New York Water Taxi (p. 34)
- South Street Seaport (p. 49) et ses vieux bateaux

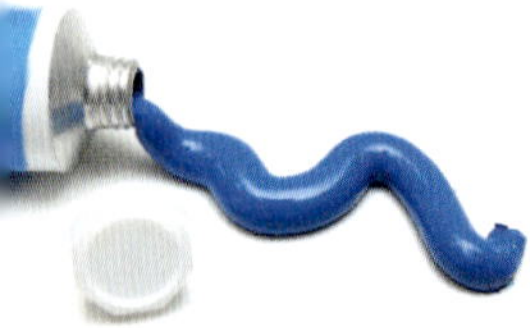

Pour les artistes en herbe

- Le Met (p. 98) pour ses innombrables peintures et sculptures classiques
- Le MoMA (p. 70) pour s'initier à l'art moderne
- Children's Museum of the Arts (p. 61) pour créer des œuvres d'art
- Le Whitney Museum (p. 58) et sa riche collection d'artistes américains

Pour les scientifiques

- L'American Museum of Natural History (p. 105) pour tout savoir sur les animaux préhistoriques
- Le New York Hall of Science (p. 126) ou le Liberty Science Center (p. 131) pour faire des expériences scientifiques
- Le MoMath (p. 59) pour découvrir les maths sous un jour amusant

Pour s'amuser
- Coney Island (p. 138) et ses attractions foraines
- Les carrousels (p. 143)
- Brooklyn Children Museum (p. 121) pour faire le plein de découvertes
- Les patinoires (p. 141) pour virevolter en profitant de l'ambiance magique de New York

Pour les petits historiens
- Ellis Island et son musée (p. 46) pour tout comprendre sur l'immigration aux USA
- Le National Museum of the American Indians (p. 50) pour tout savoir sur les Indiens
- Le Tenement Museum (p. 63) et ses émouvants témoignages d'immigrants

Pour respirer au grand air
- Governors Island (p. 48) pour les Robinsons
- Central Park (p. 88) pour découvrir le poumon vert de Manhattan
- Coney Island (p. 122) pour aller à la plage
- Brooklyn Botanic Garden (p. 120) pour admirer les cerisiers en fleur (au printemps)
- Prospect Park (p. 117) pour découvrir le poumon vert de Brooklyn

Pour le meilleur point de vue sur New York
- La statue de la Liberté (p. 42)
- One World Observatory (p. 53), Top of the Rock (p. 74) Empire State Building (p. 79) ou Edge (p. 87)
- Le toit du Met (p. 98) en été
- Depuis un bateau de la Circle Line (p. 35), d'un NYC Ferry (p. 34) ou depuis le ferry de Staten Island (p. 43) pour admirer la *skyline*
- Depuis Brooklyn Heights Promenade (p. 116)
- Depuis Brooklyn Bridge Park (p. 112)
- Depuis le Roosevelt Island Tramway (p. 96)

NEW YORK SUR L'EAU

Mis à part le Bronx, tous les autres quartiers de New York se situent sur une île : Manhattan, Staten sland et Long Island (pour Queens et Brooklyn). L'eau est partout : Hudson River à l'ouest, East River à l'est, baie de New York et Océan Atlantique au sud. Le ferry a longtemps été le seul moyen de rejoindre Brooklyn jusqu'à la construction du pont de Brooklyn en 1883. Croisières touristiques et ferrys vous permettront de vous déplacer plus rapidement vers certains quartiers tout en profitant de vues à couper le souffle sur la ville et ses monuments.

Les ferrys

New York Water Taxi

Comme certains bus touristiques, Le **New York Water Taxi** permet de débarquer et d'embarquer à votre guise pendant 1 ou 2 jours. Une façon amusante pour les *kids* de découvrir la ville, entre terre et mer.

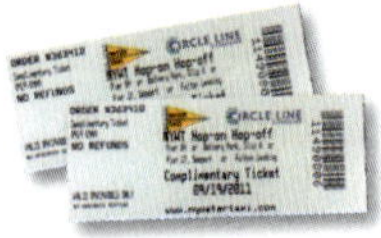

3 arrêts sur Manhattan : 42nd Street (Pier 81), Battery Park et South Street Seaport, et 1 arrêt sur Brooklyn : Dumbo • nywatertaxi.com • tlj 10h-18h • pass adulte 1 jour 37 $, 2 jours 42 $, enfant (3-12 ans) 1 jour 31 $, 2 jours 36 $

NYC Ferry

Le NYC Ferry, quant à lui, propose des trajets à l'unité pour le prix d'un ticket de métro. **6 lignes** permettent de se rendre rapidement d'un point à l'autre de la ville. Les lignes qui longent l'East River ou l'Hudson offrent de **très beaux panoramas** depuis les toits aménagés des ferrys. Ce moyen de transport est parfait pour rejoindre les quartiers de Williamsburg et Dumbo à Brooklyn. En prime, vous passerez sous le pont de Brooklyn !

Plusieurs arrêts sur Manhattan, Brooklyn, Bronx et Queens • arrêt principal : Pier 11 / Wall St • M Wall St [2, 3, 4, 5], Broad St [J, Z] • ferry.nyc • tlj 6h30-22h • adulte 2,75$, enfant (— de 1m11) gratuit

Les croisières

Circle Line Sightseeing

Cette compagnie propose plusieurs croisières. Pour faire le tour complet de l'île de Manhattan, optez pour **Best of NYC Cruise** (durée: 2h30, pier 83). Vous descendrez le long de l'Hudson River et remonterez l'East River en passant devant les quartiers de Harlem et sous le George Washington Bridge. La **Landmarks Cruise** (durée: 1h30, pier 83) fait l'aller-retour au sud de Manhattan, depuis l'Intrepid jusqu'au siège de l'ONU, en passant autour de la statue de la Liberté et d'Ellis Island. Pour voir la ville briller de mille feux, embarquez pour une croisière magique au crépuscule, sur la **Harbor Lights Cruise** (durée: 2h, pier 83).

Notre conseil Pour voir la statue de la Liberté de très près, sans la visiter, vous avez le choix entre trois croisières : la **Liberty Cruise** (durée: 1 h, pier 83), la **Statue of Liberty Express** (durée: 1 h, pier 16), ou la **Statue by Night** (durée: 1 h, pier 16) pour voir sa belle torche éclairée.

Pier 83 (12th Ave, angle 42nd St) ou Pier 16 (South Street Seaport) • M Pier 83 : 42nd St-Port Authority Bus Terminal [A, C, E], Pier 16 : Wall St [2, 3, 4, 5] • circleline.com • 212 563 3200 • tlj 10h-19h • adulte de 18 à 44 $ /enfant (3-12) de 18 à 37$

Observer des baleines à bosse

Depuis 1972, la ville a mis en place de nombreuses actions de dépollution afin de rendre la baie plus propre. Et ça marche ! Les baleines sont de retour ! En 2019, 110 cétacés ont été aperçus contre 5 en 2010.

LA SKYLINE

Contempler la ligne d'horizon de Manhattan, la *skyline*, dessinée par les silhouettes des gratte-ciels, a quelque chose de magique. Dès 1890, et jusqu'en 1974, la ville a détenu le record du plus haut gratte-ciel du monde. L'Empire State Building l'a d'ailleurs été pendant 42 ans ! Plus de 130 bâtiments dépassent les 180 m, contre 2 seulement à Paris. New York est une ville en perpétuelle transformation. Pas moins de 20 projets de tours de plus de 200 m sont ainsi prévus pour les années à venir.

Les observatoires

C'est en prenant de la hauteur qu'on prend la pleine mesure du gigantisme de la ville. Avec quatre plateformes d'observation, le choix n'est pas facile d'autant qu'ils sont tous au même prix et qu'ils sont tous super. Avouons-le, c'est une sortie en famille assez chère, mais ce sera certainement le clou de votre voyage à New York.

Le classique : Empire State Building (p.79)
Paris a la tour Eiffel, New York l'Empire State Building ! Véritable icône de la ville, il permet d'avoir une vue centrale sur Manhattan. Son style Art Déco ajoute du charme au mythe.

La plus belle vue : Top of the Rock (p.74)
La vue sur l'Empire State Building et toute la pointe sud de Manhattan est un enchantement surtout avec les couleurs rosées du coucher du soleil. Permet aussi de voir Central Park de haut.

Le plus impressionnant : Edge (p.87)
Dernier né des observatoires avec une grande terrasse extérieure et une vue incroyable. Une partie du sol est en verre. Vous serez donc au dessus du vide avec 100 étages sous les pieds. Sensation dingue !

Le plus kid-friendly : One World Observatory (p.53)
Jolie vue sur la ville, la baie et la Statue de la Liberté. L'ascension et l'introduction à la visite sont spectaculaires. N'ayant pas de plateforme extérieure, il est plus rassurant pour les bambins.

Les rooftops

Souvent perchés sur les toits des hôtels, les *rooftops* donnent accès à de splendides vues. Mais attention, comme on y sert de l'alcool, les enfants sont interdits après 16h. Le **230 Fifth**, au 230 de la 5th Avenue, propose un brunch familial le week end, en tête à tête avec l'Empire State Builiding. Si toutefois vous voulez vous faire une soirée en amoureux, voici deux bonnes adresses : **Le Bain** au Standard Hotel et **The Roof** au Public Hotel.

Les points de vue

Voici nos astuces pour profiter de la vue sur la skyline... gratuitement !

Le Gantry Plaza State Park, dans le Queens, situé à seulement 1 arrêt de métro ou de ferry de Manhattan (arrêt Hunters Point South), offre une vue de carte postale sur Midtown.
Center Blvd, Long Island City • M Vernon Blvd - Jackson Av [7]

L'**East River State Park** ou le **Domino Sugar Park**, dans Williamsburg à Brooklyn, offrent tous deux un panorama à couper le souffle à la fois sur Midtown et Downtown.
90 et 120 Kent Ave, Brooklyn • M Bedford Av [L]

MTA ARTS & DESIGN

Découvrir l'art dans le métro new-yorkais

Outre un moyen de transport, le métro new-yorkais se révèle aussi un lieu culturel étonnant où des artistes de talent exposent leurs œuvres.

La **première ligne de métro souterraine** a vu le jour à New York le 27 octobre 1904, presque 35 ans après la création de la ligne aérienne qui parcourait la ville du nord au sud, tractée par de multiples câbles en relais sur une voie de chemin de fer surélevée.

Le métro souterrain s'est développé petit à petit et a finalement été racheté par la ville à des compagnies privées (provoquant aussi la fermeture de la dernière ligne aérienne en 1940) pour être entièrement géré par une autorité d'État, supervisée dès 1968 par la **MTA** (Metropolitan Transit Authority).

Après un essor remarquable, le métro a entamé un déclin dans les années 1970. Vandalisme, détérioration des wagons, explosion des graffitis... Il est devenu le siège de crimes, de vols et d'attaques, éloignant massivement les New-Yorkais de ce mode de transport. Le maire de l'époque, John Lindsay, a alors déclaré une guerre antigraffiti.

Dans les années 1980, un programme de financement de 180 millions de dollars a été lancé pour la remise en état des lignes de métro (nettoyage et modernisation des wagons, action policière renforcée, etc.). C'est à la même époque que les principaux dirigeants de la MTA

ont pensé qu'une initiative artistique originale et engagée devait faire partie intégrante du programme de réhabilitation de ce moyen de transport public. Ils ont été largement soutenus par le monde des artistes, ceux-ci offrant leur participation et leur savoir-faire pour créer une exposition publique à large échelle tout au long des trajets souterrains de la ville. Les exigences étant la durabilité et la facilité d'entretien, la plupart des œuvres ont été réalisées en mosaïque de céramique, en verre ou en bronze. C'est en 1985 qu'a été formellement créé **Arts for Transit and Urban Design**.

Les stations de métro à ne pas manquer

Des centaines d'œuvres sont exposées dans les stations du métro. En voici quelques-unes parmi nos préférées.

M *14th-8th Ave, lignes A, C, E*
Artiste : Tom Otterness
Les enfants s'amuseront à chercher, parfois dans des lieux inattendus comme sous les grilles de l'entrée du métro, sur des poutres ou sous les escaliers, des petites sculptures en bronze transportant des anciennes pièces trouées (ces jetons étaient utilisés auparavant dans le métro).

M *Times Square, passage entre 1, 2, 3 et le Shuttle S*
Artiste : Toby Buonagurio
Une série de petites vitrines évoque l'ambiance de Times Square avec trois thèmes principaux : vie urbaine, spectacles et boutiques.

M *Times Square, dans le hall précédant les quais du Shuttle S*
Artiste : Roy Lichtenstein
Cette œuvre impressionnante (1,80 m de haut sur 16 m de long) a été réalisée par Roy Lichtenstein quatre ans avant sa mort. Elle reflète l'ensemble de sa carrière et intègre des éléments d'autres artistes, comme l'image tirée des *comics* de Buck Rogers, personnage de science-fiction né dans les années 1930.

M *42nd St-PortAuthority Bus Terminal, ligne A, C, E*
Artiste : Lisa Dinhofer
Les enfants reconnaîtront les petites billes multicolores avec lesquelles ils jouent pendant la recréation. En utilisant comme fond un damier noir et blanc, l'artiste joue sur les contrastes et les formes pour créer une illusion optique donnant l'impression que les billes se déversent hors du mur.

M *Grand Central Terminal, passage reliant les lignes 4, 5, 6 et le Shuttle S*
Artiste : Dan Sinclair
La sculpture intitulée *Fast Track and Speed Wheels* représente la puissance des moteurs qui font avancer les trains et évoque l'esprit glamour et Art déco du théâtre Radio City Music Hall, situé à proximité.

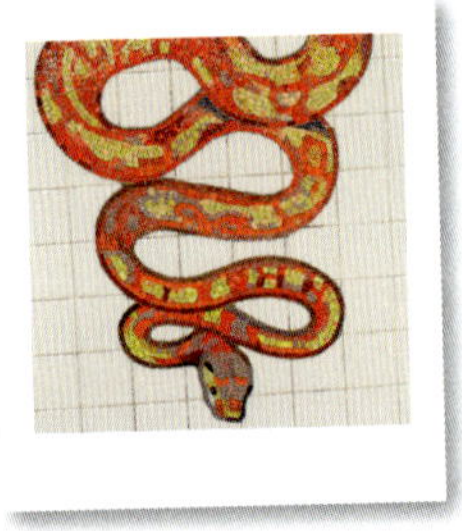

M *81st St-Museum of Natural History, lignes B, C*
Collectif d'artistes
Dans *For Want of a Nail*, les artistes ont utilisé différentes variétés de matériaux (mosaïques, céramiques, granit, bronze) pour suggérer la diversité exposée au Museum of Natural History (p. 101), situé au-dessus de la station.

Ⓜ *Lexington Ave-53rd St, passage reliant la ligne 6 et les lignes E, M*

Artiste : Al Held

Ces mosaïques très colorées représentent un vaste univers dans lequel des éléments géométriques de forme et de taille variées flottent librement. Une façon abstraite d'évoquer l'énergie du New York contemporain et de ses gratte-ciel aux formes et styles différents, comme virevoltant au-dessus de nos têtes.

Ⓜ *86th St, ligne 1*

Artiste : Nitza Tufiño

Cette œuvre est née d'un projet d'intégration de jeunes dans la communauté. L'artiste et 17 adolescents ont photographié des lieux historiques et des scènes de vie typiques et les ont représentés sur des plaques en céramique.

Ⓜ *86th St, dans les escaliers reliant les quais de la ligne 6 à ceux des lignes 4 et 5*

Artiste : Peter Sis

Dans *Happy City*, l'artiste représente les ingrédients de la communauté et la vitalité de New York à travers quatre larges yeux. Vous reconnaîtrez, dans les pupilles et les cils, les buildings locaux et certains musées de la ville.

Ⓜ *34th St Herald Sq, au milieu des quais des lignes N, Q, R et W*

Artiste : Christopher Janney

Avec *Reach*, l'artiste invite les passagers qui attendent leur métro à jouer de la musique à l'aide un drôle d'instrument. Levez et secouez les mains devant les 8 "yeux" pour créer différents sons d'instruments ou des bruits de la nature. Vous allez pouvoir jouer avec les personnes présentes sur le quai opposé.

LOWER MANHATTAN

Situé à la pointe de Manhattan, ce quartier a connu l'arrivée des colons hollandais et les premiers pas de millions d'immigrants. Pont de Brooklyn, bourse de Wall Street, World Trade Center... autant d'incontournables qui vous donneront envie d'arpenter les seules rues non quadrillées de la ville. C'est aussi d'ici que partent les ferries pour la statue de la Liberté, Ellis Island et Governors Island. Les rives de l'Hudson et de l'East River offrent un beau programme de balade aux petits explorateurs.

Saluer madame Liberté

Statue de la Liberté

À partir de 3 ans **Cette statue offerte par la France est devenue le plus grand symbole des États-Unis. La visiter est un passage quasi obligatoire lors d'un séjour à New York.**

La statue se visite, depuis le piédestal jusqu'à la couronne qui culmine à 93 m ! Depuis l'**Observation Deck**, au 10e étage, profitez de la **vue panoramique** sur Manhattan. Sous la robe de la grande dame, un escalier étroit de 354 marches permet d'accéder à sa couronne. La superbe vue de là-haut vaut largement l'effort. L'accès est réservé aux enfants de plus de 1,20 m.

Avec cette statue, la France a offert le plus incroyable des cadeaux aux États-Unis pour célébrer le **centenaire de l'Indépendance**. Conçue par le sculpteur Bartholdi, elle a été achevée en France en 1884. La charpente métallique a été réalisée par Eiffel. Elle a dû être démontée pour être acheminée par bateau, puis remontée à New York. Le financement du piédestal ayant pris plus de temps que prévu,

La Liberté en quelques chiffres

La statue mesure 47 m de haut et 93 m avec son socle. Elle pèse 225 tonnes. Sa main fait 5 m, son nez 1,37 m et son tour de taille plus de 10 m. Sur la tablette qu'elle tient dans la main est gravé : "4 juillet 1776", date de la déclaration d'indépendance des États-Unis.

elle ne sera finalement inaugurée qu'en 1886, dix ans après le centenaire. Dans le musée, qui se trouve sur la grande place derrière la statue, vous apprendrez tout sur la symbolique, la construction et l'installation de la statue. Vous découvrirez aussi la **flamme originale**, remplacée dans les années 80, et des répliques de parties de la statue dans la couleur rouge d'origine.

Nos conseils Il existe **plusieurs types de billets** pour visiter la statue de la Liberté. Il est préférable de les réserver sur statuecruises.com. Tous incluent le transport en ferry avec deux arrêts (Liberty Island et Ellis Island) ainsi que les entrées aux musées de la Statue et d'Ellis Island (p. 46). Le billet "Reserve" permet de faire le tour de la statue, mais pas d'y pénétrer. Pour la visiter, il faut un billet "Pedestal Reserve" et pour accéder à la couronne (le must !) un billet "Crown Reserve" (celui-ci est à réserver très à l'avance en ligne et devra être retiré au *Ticket Booth* situé dans le fort sur présentation de vos pièces d'identité). Pour visiter la statue et Ellis Island, il vous faudra partir au plus tard à 13h de Battery Park. Attendez-vous à de longues files d'attente pour les contrôles de sécurité. Notez que les billets pour la visite de la statue sont horodatés, mais l'horaire indiqué correspond à l'entrée dans la file d'attente et non à l'accès à la statue.

Plan p. 44-45 ① A8 ONYVA ! ☐

Ford Clinton, Battery Park • M South Ferry [1], Bowling Green [4, 5], Whitehall St [R, W] • nps.gov/stli • 2123633200 • horaires variables à vérifier sur statuecruises.com • billet "Pedestal/Crown" adulte 18,50 $/21,50 $, enfant (4-12) 9 $ /12 $ • audioguide en français gratuit

Staten Island Ferry

Pour voir les gratte-ciels de New York briller de mille feux, faites juste l'aller-retour avec ce ferry gratuit au coucher du soleil. C'est le plus beau panorama sur le sud de Manhattan. Au passage, vous apercevrez, à quelque distance, la statue de la Liberté et Ellis Island. M *South Ferry [1], Whitehall St [R,W]. Plus d'infos sur siferry.com*

LOWER EAST SIDE
TRIBECA
Brooklyn Bridge
Pike Street
Canal St [N,Q,6,R,W]
Canal St [J,Z]
Centre Street
Lafayette Street
Worth Street
Broadway
Franklin St [1]
Chambers Street
Chambers St [A,C]
Chambers St [1,2,3]
Brooklyn Bridge [4,5,6]
City Hall [R,W]
Park Place [2,3]
World Trate Center [E]
Barclay Street
Fulton [J,Z]
Fulton [2,3]
Fulton [4,5,A,C]
Cortland St [N,R]
Wall [4,5]
Wall St [2,3]
Broad St [J,Z]
Rector St [1]
Rector St [R,W]
Bowling Green [4,5]
Whitehall St [R,W]
South Ferry [1]
West Street
Water Street
FDR Drive
South St Seaport
Pier 11
Pier 25
Pier 26
Nelson Rockfeller Park
One World Observatory
9/11 Memorial
Museum of the American Indians
SeaGlass Carousel
Battery Park
East River
Lower Eastside - Soundview - Astoria
NEW YORK WATER TAXI
St.George
Warren Street - World Financial Center

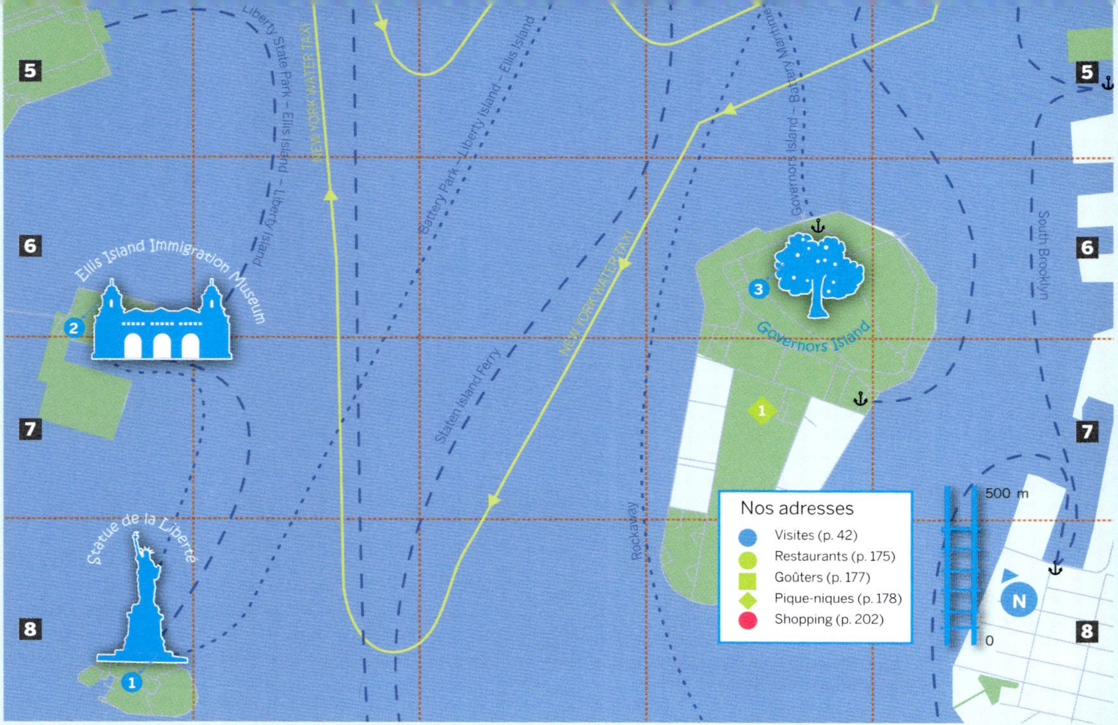
Ellis Island Immigration Museum
Statue de la Liberté
Governors Island
Liberty State Park – Ellis Island – Liberty Island
NEW YORK WATER TAXI
Battery Park – Liberty Island – Ellis Island
Staten Island Ferry
Governors Island – Battery Maritime
Rockaway
South Brooklyn
Nos adresses
Visites (p. 42)
Restaurants (p. 175)
Goûters (p. 177)
Pique-niques (p. 178)
Shopping (p. 202)
500 m
0
N

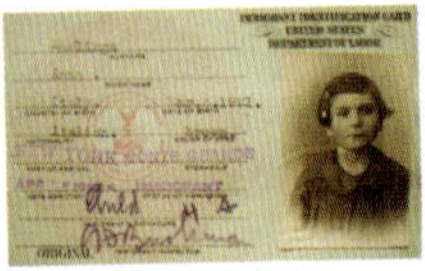

Remonter le temps
au Ellis Island Immigration Museum

À partir de 6 ans **Pour comprendre le passé des États-Unis, il faut visiter cette toute petite île par laquelle sont entrés des millions d'immigrants venus s'installer sur la Terre de tous les espoirs.**

De 1892 à 1954, plus de **12 millions d'immigrés** ont emprunté cette "porte" pour avoir le droit ou non d'entrer aux États-Unis. Leurs descendants représentent aujourd'hui près de la moitié de la population du pays.

Les galeries du **Peopling of America Center** racontent l'histoire de l'immigration sur le sol américain de manière interactive, par le biais de témoignages audio. L'exposition va au-delà de l'ère d'ouverture d'Ellis Island puisqu'elle remonte au débarquement des Américains nés dans les années 1550 et se poursuit par les mouvements migratoires d'après la Seconde Guerre mondiale jusqu'à nos jours.

Avant de vous rendre à l'étage, récupérez, dans le hall d'accueil, votre **audioguide en français** (inclus dans le prix de votre visite). Très intéressant, il vous donnera les informations importantes et vous mènera dans les couloirs de ce vaste monument rempli de témoignages de cette époque. Vous commencerez par découvrir le rôle de l'escalier que vous allez emprunter.

En visitant l'étage du bâtiment principal, vous traverserez plusieurs pièces dans lesquelles vous trouverez des objets et explications retraçant le

Hard Hat Tour avec JR

Découvrez les bâtiments d'Ellis Island tels qu'ils ont été abandonnés. Vous serez véritablement transportés dans l'histoire des immigrants, grâce aux collages de l'artiste français JR. Visite guidée à partir de 13 ans, casque de chantier *(hard hat)* fourni, 58,5 $ par personne.

parcours difficile des émigrés qui souhaitaient s'installer aux États-Unis. Ils quittaient leur famille et leur pays à jamais pour tenter leur chance ici. Le voyage durait plusieurs semaines dans des conditions d'hygiène et d'alimentation éprouvantes. Quand, épuisés, ils débarquaient enfin à Ellis Island, ils devaient répondre à un questionnaire et subir un examen médical. S'ils ne correspondaient pas aux critères des autorités américaines, ils étaient renvoyés sans ménagement dans leur pays.

Dans l'**American Family Immigration History Center**, les visiteurs peuvent chercher dans la base de données informatique afin de retrouver un éventuel oncle d'Amérique qui serait passé par Ellis Island. Elle contient quelque 22 millions de noms de passagers ayant débarqué à New York.

Activités enfants Un audioguide gratuit en français est aussi disponible pour les enfants.

Nos conseils Réservez en ligne vos billets de ferry pour éviter la file d'attente aux guichets. Le ferry s'arrête en route à Liberty Island. Si vous ne prévoyez pas de visiter la statue de la Liberté (p. 42), optez pour le billet "Reserve» Profitez à l'extérieur, à la droite du bâtiment, d'une superbe vue sur Manhattan.

Plan p. 44-45 ② A6 ON Y VA ! ☐

Ford Clinton, Battery Park • Ⓜ South Ferry [1], Bowling Green [4,5], Whitehall St [R, W] • nps.gov/elis • 212 363 3200 • horaires variables à vérifier sur statuecruises.com • billet "Reserve" adulte 18,50 $, enfant (4-12) 9 $ • audioguide en français gratuit

Se relaxer sur une île
à Governors Island

Tous âges **Cette île sans voiture est une pause bucolique avec en prime de très beaux points de vue sur Manhattan.**

À la fin du XXVIIe siècle, la Province de New York était une colonie anglaise et l'île fut utilisée pour loger les gouverneurs, d'où son nom. Depuis 2003, elle est accessible au public l'été (du 1er mai au 31 octobre) et offre de nombreuses activités ludiques et artistiques.

Vous pourrez faire le tour à vélo (location sur place) ou au volant d'une "rosalie" (vélo multiplace) pour pédaler en famille. Vous pourrez ainsi rejoindre plus facilement le sud de l'île pour profiter des Hills, collines créées de toute pièce pour lutter contre la montée des eaux dûe aux changements climatiques. Cet espace, très agréable, vous permettra de profiter de vues incroyables sur la Statue de la Liberté et la pointe sud de Manhattan, pendant que vos enfants essayeront le toboggan le plus long de toute la ville.

Une partie de l'île est aujourd'hui **classée monument historique**, dont le fort qui se visite et les **belles demeures victoriennes**, inhabitées, qui accueillent des expositions temporaires ou des boutiques. Plusieurs évènements sont organisés, notamment la très prisée **Jazz Age Lawn Party**. On y retrouve l'ambiance de la Prohibition au cours d'un pique-nique rétro au son du charleston. Pour Halloween, venez choisir et décorer votre citrouille en famille.

Faire du glamping
Envie d'une expérience insolite ? Oubliez les hôtels de Manhattan pour une nuit et partez en camping face à la Statue de la Liberté, dans des tentes toutes équipées avec des lits. On parle ici plutôt de Glamping : camping glamour. Infos sur collectiveretreats.com

Notre conseil Pour rejoindre l'île, vous pourrez emprunter soit le ferry dédié au départ du Battery Maritime Building, soit le NYC Ferry au départ du Pier 11. Vérifiez bien les horaires du retour. Pour déjeuner, vous pouvez emmener votre pique-nique, ou vous laisser tenter par les food trucks, ou le Island Oyster, un bar à huîtres avec déco design et une superbe vue.

Plan p. 44-45 3 D6 ON Y VA ! ☐

Battery Maritime Building, 10 South St • M South Ferry [1], Bowling Green [4, 5], Whitehall St [R, W] • govisland.com • 212 440 2200 • lu-ve 10h-18h, sa-di 10h-19h (1 mai-31 oct) • ferry adulte 3 $, enfant (– 13) entrée gratuite jsq. 11h50 les week-ends

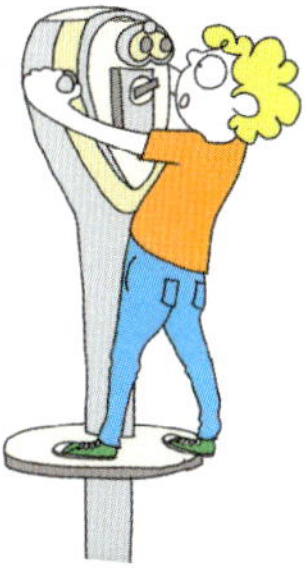

Guetter les bateaux
à South Street Seaport

Tous âges **Déambuler sur les quais de South Street Seaport permet d'imaginer à quoi ressemblait New York, grand port de marine marchande, au début du XIXe siècle.**

Situé au bord de l'East River, South Street Seaport se trouve à proximité du quartier financier de Wall Street. Il fait bon flâner dans ces jolies rues pavées bordées de pittoresques *townhouses* fort bien rénovées ou autour du centre commercial Seaport District, pier 16, pour les jolies vues sur le pont de Brooklyn.

On trouve dans le quartier de nombreux restaurants, des boutiques à la mode ainsi qu'un petit musée (South Street Seaport Museum), dédié à l'histoire de l'évolution du

port de New York depuis l'arrivée des hollandais. Une ancienne imprimerie (Bowne & Co., voir p. 204) permet aux enfants d'observer comment fonctionnaient des presses au XIXe siècle.

Du Pier 11 au Pier 16, profitez de quais joliment aménagés pour vous y promener. Au pier 15, le toit du bâtiment invite à la relaxation tout en jouissant de la vue sur **Brooklyn Heights**. Au pier 16 sont amarrés de beaux bateaux, dont un grand voilier, transformés en bateaux-musées (inclus dans l'entrée du musée de South Street Seaport).

Plan p. 44-45 ⑤ E3 ON Y VA ! ☐

19 Fulton St • M Fulton St [A, C, J, Z, 2, 3, 4, 5], Cortlandt St [R, W] • southstreetseaport.com • 212 732 9287 • accès au Bowne Printers au 12 Fulton St: tlj 11h-19h, gratuit • visite des bateaux du me-di 11h-17h • adulte 12 $, enfant (2-17) 6 $

Jouer aux Indiens
au National Museum of the American Indians

À partir de 4 ans Les Indiens d'Amérique étaient les premiers habitants du continent américain. Ce musée nous raconte leur histoire mouvementée.

Le musée national des Indiens d'Amérique propose une exposition permanente, **Infinity of Nations**, qui montre la diversité des cultures indiennes du sud au nord de l'Amérique, des Indiens de Patagonie aux Inuits de l'Alaska. Des objets de tous les jours, des habits, des instruments de musique et des œuvres d'art racontent l'histoire d'une dizaine de tribus amérindiennes qui peuplaient le continent, bien avant l'arrivée des Européens au cours du XVe siècle.

Les objets exposés les plus anciens sont des **sculptures datant de 3000 av. J.-C**. Ces objets ne sont qu'une petite partie des 800 000 amassés, à partir de 1897, par un passionné, George Heye, qui ouvrit son propre musée en 1922. Les enfants pourront admirer les **carnets de dessins** de Sunda Lunta, de la tribu Lakota, ou frissonner devant le **masque** de la tribu **Kwakwaka'wakw** (difficile à prononcer !). Ils découvriront que les Indiens utilisaient déjà des leurres pour la chasse il y a 2 000 ans, avec un faux canard.

Activités enfants Au premier étage, se trouve un centre d'activités, le imagiNATIONS, où vous pourrez apprendre quelle nourriture, que nous mangeons encore aujourd'hui, était déjà mangée par les premiers habitants de l'Amérique à l'époque. Vous pourrez aussi découvrir les plantes qu'utilisaient les indigènes pour se soigner et qui ont influencé la médecine d'aujourd'hui.

Notre conseil Avant de pénétrer dans les salles d'exposition, admirez la magnifique rotonde de ce superbe bâtiment de style Beaux-Arts.

Plan p. 44-45 4 **D4** ON Y VA ! ☐

1 Bowling Green • M Bowling Green [4, 5], Rector St [1], Whitehall St [R, W], Broad St [J, Z], Wall St [2, 3, 4, 5] • americanindian.si.edu • 212 514 3700 • tlj 10h-17h (je 20h) • gratuit

Indians in New York

Les colons qui débarquèrent ici rencontrèrent des tribus indiennes qui chassaient, pêchaient et cultivaient maïs et tabac. En 1845, un recensement fait état de tribus d'Algonquins et d'Iroquois vivant à New York. Les Indiens, incités par différents traités à céder leur terre, ont été progressivement déplacés dans des réserves.

Se recueillir
au 9/11 Memorial

À partir de 6 ans **Le mémorial commémore les victimes (près de 3000) des attentats du 11 septembre 2001 et de l'explosion de février 1993.**

Le mémorial se trouve en extérieur. Deux **immenses bassins** de granit ont été construits à l'emplacement des tours jumelles du World Trade Center. Sur le bord de ces cascades sont gravés les noms des victimes. Parmi les arbres de la place, vous trouverez le **Survivor Tree**. Cet arbre est emblème d'espoir car il a résisté aux attentats et à l'ouragan Sandy.

À l'intérieur du musée, le **Historical Exhibition** retrace la chronologie des événements. On y voit des objets du jour de l'attentat ainsi que des témoignages humains. L'émotion sera intense en entrant dans la pièce **In Memoriam** qui présente la vie des victimes. Ne manquez pas de voir le film **Rebirth at Ground Zero** racontant la reconstruction du World Trade Center.

Notre conseil Prenez vos tickets en ligne, cela vous évitera les longues files d'attentes.

9/11 MEMORIAL

Plan p. 44-45 7 C3 ON Y VA !

180 Greenwich St • M Chambers St [A, C, 1, 2, 3], World Trade Ctr [E], Cortland St [R, W], Fulton St [A, C, J, Z, 2, 3, 4, 5], Park Pl St [2, 3], Wall St [4, 5] • 911memorial. org • 212 312 8800 • mémorial tlj 7h30-21h • musée : di-je 9h-20h (dernière entrée 18h), ve-sa 9-21h (dernière entrée 19h) • adulte 26 $, enfant (13-17) 20 $, (7-12) 15 $, (– 7) gratuit, gratuit pour tous le ma après 17h

Se prendre pour un aigle
au One World Observatory

Tous âges Vue spectaculaire de New York et de toute sa baie depuis le plus haut gratte-ciel de la ville.

Perché au sommet du One World Trade Center, le **One World Observatory** offre une vue à 360° sur les lieux emblématiques de New York et même au-delà des limites de la ville. Lors de votre ascension vers le **102e étage**, les écrans de l'ascenseur vous montrent le développement de Manhattan des années 1500 à aujourd'hui.

Le **See Forever Theater** vous propulse au cœur de la ferveur new-yorkaise lors d'un **court-métrage 3D** de vues aériennes et de plans accélérés. Ouvrez grand les yeux à la fin du film, une surprise de taille vous attend. Le **Sky Portal,** doté d'un écran géant au sol, retransmet en direct une vidéo de ce qui se déroule 102 étages plus bas et procure une impression vertigineuse. Les enfants vont adorer observer New York en miniature !

Nos conseils Évitez de faire la visite à la nuit tombée car la vue est moins intéressante. Réservez vos billets en ligne, ils donnent accès à un horaire fixe et à des réductions.

Plan p. 44-45 6 C2 ON Y VA !

285 Fulton St • M Chambers St [A, C, 1, 2, 3], World Trade Ctr [E], Cortland St [R, W], Fulton St [A, C, J, Z, 2, 3, 4, 5], Park Pl St [2, 3], Wall St [4, 5] • oneworldobservatory.com • 212 602 4000 • tlj 9h-21h • adulte 35 $, enfant (6-12) 29 $, (– 6) gratuit

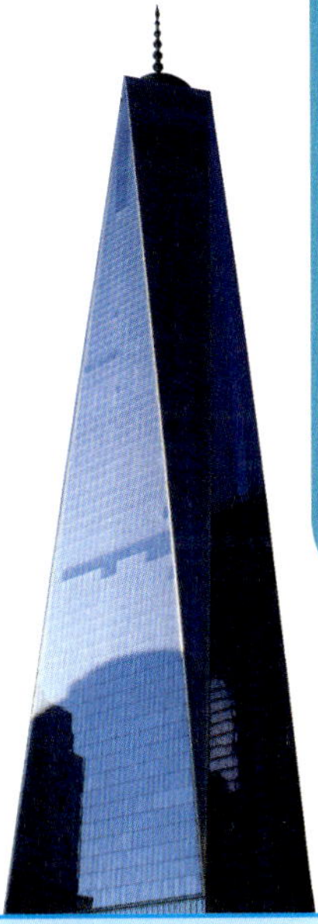

Le One World Trade Center

C'est la plus haute tour de New York. Elle appartient au complexe de sept bâtiments reconstruits à l'emplacement des deux tours détruites lors du 11 septembre 2001. Elle mesure 1 776 pieds de haut, en référence à l'année de la déclaration d'indépendance des États-Unis, soit 541 m.

On quitte l'univers des gratte-ciels pour découvrir d'autres facettes de Manhattan. Vous pourrez vous balader le long de la High Line, une ancienne voie ferrée transformée en promenade verte suspendue, partir sur les traces des émigrants européens en visitant l'émouvant Tenement Museum. Devenir peintre, DJ ou réalisateur de film, s'habiller en pompier, voici quelques idées de récrés pour amuser les *kids*.

Se promener au-dessus des voitures
sur la High Line

Tous âges **Cette ancienne voie ferrée aérienne est devenue un étonnant parc suspendu. C'est un lieu de promenade incontournable pour les New-Yorkais.**

Cette **promenade** a beaucoup de succès auprès des familles, car elle permet de circuler en sécurité à l'écart des voitures. Les enfants peuvent y gambader sans aucun risque. La High Line serpente à **7,80 m de hauteur** entre d'anciens entrepôts ou bâtiments en brique et de nouveaux immeubles (appartements ou bureaux). On peut admirer les toutes dernières créations d'architectes comme **Jean Nouvel** ou **Frank Gehry**.

Tout au long du parcours, la ville est véritablement mise en scène. La promenade est ponctuée d'esplanades, de fontaines et de solariums avec des chaises longues. Au niveau de la 18th Street, vous pouvez même vous asseoir sur les gradins du **Tenth Avenue Square** et regarder le ballet des voitures sur la 10th Avenue à travers une immense baie vitrée. Le long de la High Line, de **nombreuses variétés de plantes**, pour la plupart indigènes, apportent une touche de verdure luxuriante au milieu de cet ancien quartier industriel.

Des **points d'accès** jalonnent le passage de la High Line tous les trois à quatre blocs et permettent d'y accéder très facilement. Certains accès possèdent même un ascenseur, ce qui rend la promenade accessible aux poussettes. Vous pourrez découvrir, tout au long du parcours, des oeuvres artistiques temporaires ou permanentes.

Avant de devenir un parc, en s'inspirant de la Promenade plantée à Paris, la voie ferrée aérienne a été en service de 1934 à 1980. Elle a permis de séparer le trafic des trains de celui des voitures. Avant cela, les nombreux accidents dus à cette cohabitation conflictuelle avaient valu à la 10th Avenue le surnom de Death Avenue ("l'avenue de la Mort").

Notre conseil Pour la beauté du spectacle, préférez y aller tôt le matin ou au soleil couchant. Les jours de canicule, vous profiterez en plus d'une petite brise rafraîchissante.

Plan p. 56-57 ④ A1 ON Y VA ! ☐

Gansevoort St, 14th St (ascenseur), W 16th St (ascenseur), W 18th St, W 20th St, 23rd St, W 26th St, W 28th St, W 30th St (ascenseur), W 34th (rampe d'accès) • Ⓜ 14 St [A, C, E], 8 Av [L], 23 St [C, E], 34 St [A, C, E] • thehighline.org • 212 500 6035 • tlj 7h-19h (1 dec-31 mar) 7h-22h (1 avr-31 mai et 01 oct-30 nov), 7h-23h (1 jun-30 sep) • gratuit

Une voie écologique

La High Line permet une régénérescence de la nature à New York. En plus d'être un lieu de promenade agréable, elle retient jusqu'à 80 % des eaux de pluie qu'elle reçoit, ce qui aide à diminuer l'effet d'îlot de chaleur de ce quartier très peu vert. La High Line fournit de l'ombre, de l'oxygène ainsi qu'un lieu d'habitation pour les oiseaux et les insectes.

A
B
C
D
1
2
3
4
5
CHELSEA
GREENWIC VILLAGE
11th Avenue
10th Avenu
9th Avenue
8th Avenue
Fashion Avenue
23 St [C,E]
23 St [1]
23 St [F,M]
W 23rd Street
W 21th Street
W 19th Street
18 St [1]
14 St [A,C,E]
W 14th Street
8 Av [L]
6 Av [L]
14 St [1,2,3]
Greenwich Avenue
Christopher St/ Sheridan [1]
W 4 St [A,B,C,D,E,F,M]
Bleecker Street
Hudson Street
7th Avenue South
6th Avenue South
Bedford Street
W Houston Street
Houston St [1]
Varick Street
Spring St [C,E]
Lincoln Highway
High Line
The High Line
Carousel at Pier 62
Chelsea Piers
Whitney Museum
Children's Museum of the Arts
NYC Fire Museum
NEW YORK WATER TAXI
500 m
0
N
Nos adresses
Visites (p. 54)
Restaurants (p. 178)
Goûters (p. 183)
Pique-niques (p. 184)
Shopping (p. 217)

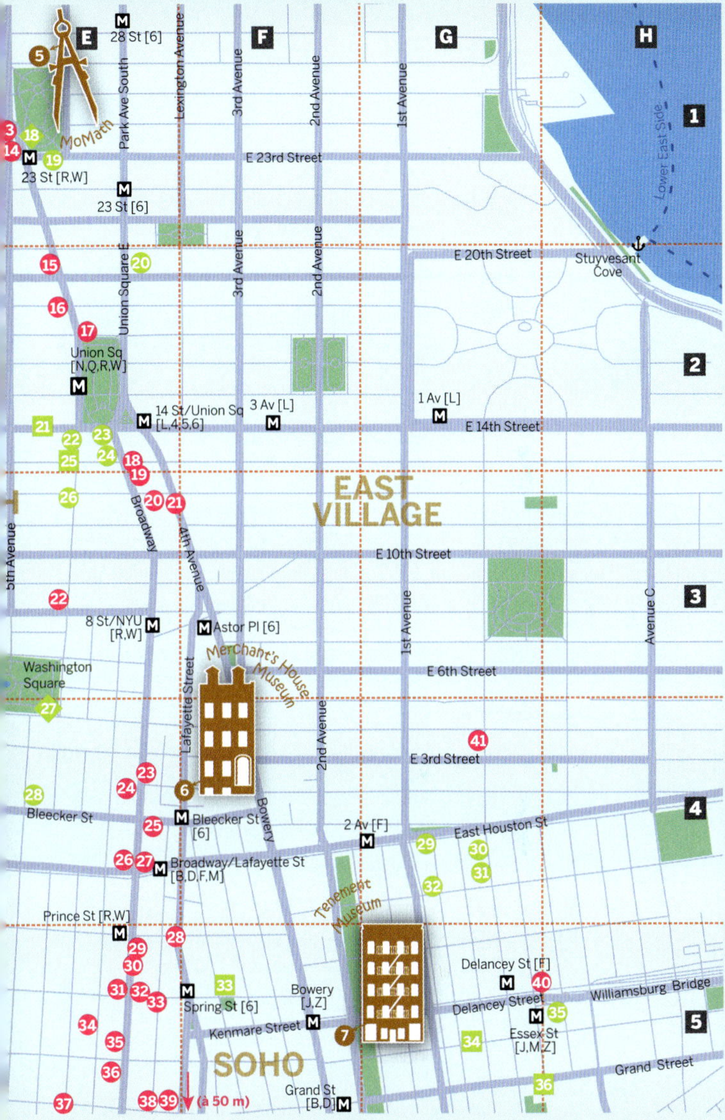
E
F
G
H
1
2
3
4
5
MoMath
28 St [6]
Park Ave South
Lexington Avenue
3rd Avenue
2nd Avenue
1st Avenue
Lower East Side
E 23rd Street
23 St [R,W]
23 St [6]
E 20th Street
Stuyvesant Cove
Union Square E
Union Sq [N,Q,R,W]
14 St/Union Sq [L,4,5,6]
3 Av [L]
1 Av [L]
E 14th Street
EAST VILLAGE
Broadway
4th Avenue
5th Avenue
E 10th Street
Avenue C
8 St/NYU [R,W]
Astor Pl [6]
Merchant's House Museum
Washington Square
Lafayette Street
E 6th Street
E 3rd Street
Bowery
Bleecker St
Bleecker St [6]
2 Av [F]
East Houston St
Broadway/Lafayette St [B,D,F,M]
Tenement Museum
Prince St [R,W]
Delancey St [F]
Williamsburg Bridge
Delancey Street
Bowery [J,Z]
Spring St [6]
Kenmare Street
Essex St [J,M,Z]
SOHO
Grand Street
Grand St [B,D]
(à 50 m)

Découvrir l'art moderne américain
au Whitney Museum

Tous âges **Ce musée au look futuriste signé Renzo Piano est le magnifique écrin d'une collection de plus de 20 000 œuvres d'artistes américains de 1900 à nos jours.**

Gertrude Vanderbilt Whitney a fondé en 1914 le studio Whitney pour présenter des **artistes américains rejetés des académies traditionnelles**. Dans les années 1930, ce mécène a souhaité offrir sa collection (500 pièces à l'époque) au Met, qui n'en a pas voulu. Elle a alors décidé d'ouvrir son propre musée.

En mai 2015, le musée a déménagé dans le quartier branché du Meatpacking District, près de la High Line, dans un immeuble imaginé par Renzo Piano (l'architecte du musée Beaubourg). L'édifice héberge d'immenses galeries d'exposition situées à l'intérieur et à l'extérieur, offrant des vues **à couper le souffle**. La visite débute au 8e étage. Accédez aux niveaux inférieurs par l'extérieur pour profiter pleinement du panorama.

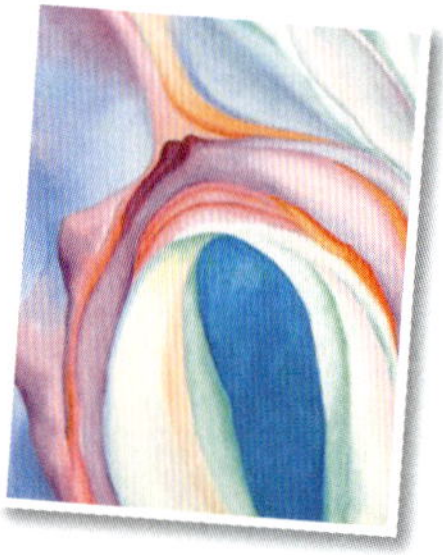

L'art se décline ici dans toutes ses formes : peintures, sculptures dessins, installations, photos, vidéos, etc. Plus de 3 000 artistes américains y sont exposés, dont **Hopper, Warhol, Lichtenstein, Calder**...

Le vendredi (de 19h à 21h30), la formule *pay-what-you-wish* est fondée sur une donation ; en revanche, pas de réservation à l'avance possible.

Notre conseil Réservez vos billets en ligne pour éviter les longues files d'attente.

Plan p. 56-57 3 B3 ON Y VA !

99 Gansevoort St • M 14 St [A, C, E, L] • whitney.org • 212 570 3600 • tlj 10h30-18h00 (ve-22h), fermé le mardi • adulte 25 $, (– 18) gratuit, ve 19h-22h : prix libre

Apprivoiser les maths
au MoMath

À partir de 4 ans **Le Museum of Mathematics (MoMath) veut montrer cette matière sous un jour amusant tout en étant instructif.**

Si les maths vous passionnent, ce musée est pour vous. Et si elles vous ont laissé de mauvais souvenirs, c'est l'occasion de les envisager sous un angle plus ludique. Le but de son fondateur, Glen Whitney, est de montrer que les mathématiques peuvent être amusantes.

Le **musée des maths** présente une trentaine d'activités sur deux étages. Les enfants pourront enfourcher un tricycle dont les roues sont carrées et s'apercevoir que, malgré tout, elles tournent rond. Les maths se cachent partout. Dans ce qui ressemble à un café, ce ne sont pas des sodas, mais des casse-têtes qui sont servis. Les murs ressemblent au jeu Tetris.

Dans le **Mathenaeum**, vous pouvez créer toutes sortes de formes géométriques, des plus simples aux plus complexes. Elles peuvent ensuite prendre forme grâce à une imprimante en 3D. Trois niveaux de compréhension sont

Si c'est rond, c'est point carré
Des roues carrées peuvent-elles tourner rond ? Eh oui, c'est possible ! Il suffit que la longueur du côté du carré de la roue soit égale à la longueur de la courbe de la bosse à franchir. Les tricycles à roues carrées du MoMath sont là pour vous le prouver !

proposés pour chacune des activités, selon l'âge des participants. Les enfants âgés de moins de 10 ans auront surtout l'impression de bien s'amuser avec beaucoup de gadgets lumineux, sonores ou interactifs. Mais, l'air de rien, ils auront abordé des concepts mathématiques complexes.

Notre conseil Le musée est truffé de matériel électronique parfois un peu fragile. Il arrive donc assez régulièrement que l'un ou l'autre poste soit hors service, mais il y a toujours bien assez d'autres activités dans le musée pour passer un très bon moment.

Plan p. 56-57 5 E1 ON Y VA !

11 East 26th St • M 23 St [F, M, R, W] • momath.org • 212 542 0566 • tlj 10h-17h • adulte 18 $, enfant (2-12) 15 $

Jouer au pompier
au New York City Fire Museum

À partir de 3 ans Quel enfant n'a pas rêvé un jour de devenir pompier ? Ce musée est l'occasion d'approcher ce rêve au plus près. Sortez la grande échelle !

Ce petit **musée des pompiers de New York** expose des machines datant du XVIIIe siècle jusqu'à nos jours; sur les deux étages d'une ancienne caserne des années 1900. Des pompiers retraités sont toujours prêts à expliquer le fonctionnement de toutes ces machines au jeune public, et même aux moins jeunes (mais attention en anglais !). Les pompiers de New York ont payé un lourd tribut lors des attentats du 11 septembre. Une petite exposition leur rend hommage avec photos et dessins d'enfants.

Au rez-de-chaussée trônent des pompes actionnées par des moteurs à vapeur et tirées par des chevaux, parmi lesquelles on peut voir une pompe La France de 1901. Dans les engins plus récents, vous pourrez admirer un camion des années 1950 tout rutilant. Au 1er étage, sont exposées des pompes du XVIIIe siècle qui étaient actionnées manuellement. Elles sont décorées comme des objets précieux. On peut voir également une belle collection de casques de pompiers de toutes les époques.

Activités enfants Les petits peuvent actionner la sonnerie d'alerte ou se faire prendre en photo coiffés d'un vrai casque et d'une veste de pompier.

Plan p. 56-57 ① C5 ONYVA ! ☐

278 Spring St • Ⓜ Spring St [C, E], Canal St [1] • nycfiremuseum.org • 212 691 1303 • tlj 10h-17h • adulte 10 $, enfant (3-12) 5 $

Se prendre pour Picasso
au Children's Museum of the Arts

Tous âges **Les graines d'artistes apprécieront de pouvoir ici s'adonner à la peinture, manier la pâte à modeler ou même tourner des vidéos.**

Au **musée d'Art pour les enfants**, le terme “musée” n'est pas tout à fait approprié. C'est avant tout un centre d'activités où les *kids* peuvent exprimer leur créativité dans les domaines

des arts plastiques, du son ou de la vidéo. Au **Clay Bar**, vos petits génies peuvent créer des objets en argile en trouvant leur inspiration, si nécessaire, dans un cahier d'idées.

Le **Fine Art Studio** est consacré à la peinture et aux travaux manuels. Le **Sound Booth** leur permet de se prendre pour un DJ, de s'initier à la manipulation des sons et d'enregistrer de la musique.

Dans le **Media Lab**, ils peuvent créer des petits films d'animation, apprendre la photographie, ou réaliser leur propre film. Quelques "oeuvres" réalisées par les enfants ont reçu un prix au festival du film de Tribeca. Les tout-petits ne sont pas oubliés. Le **stART Studio** les accueille dès l'âge de 10 mois jusqu'à 5 ans pour devenir familier avec le materiel et se lancer dans la réalisation d'oeuvres d'art.

Des dessins, réalisés par des enfants, sont exposés, choisis parmi une collection de plus de **2 000 œuvres d'artistes en herbe** de tous les pays. Dans le hall principal, des expositions temporaires sont présentées, permettant aux enfants d'étudier les variations artistiques autour d'un thème précis.

Notre conseil Dès votre arrivée, allez inscrire vos enfants aux ateliers si vous souhaitez qu'ils participent. Certains d'entre eux sont en effet très populaires, comme celui de la pâte à modeler, et n'accueillent qu'un nombre restreint de participants. Attention aux oreilles sensibles, le volume sonore peut être assez vite fatigant. Comptez 2 ou 3 h au maximum. Ce lieu est idéal un jour de pluie.

Plan p. 56-57 ② C5 ONYVA ! ☐

103 Charlton St • Ⓜ Houston St [1], Ⓑ Charton St [M20] • cmany.org • 212 274 0986 • lu et ve 12h-17h, je 12h-18h, sa-di 10h-17h • adulte et enfant (+1) 13 $, je 16h-18h : prix libre

Rencontrer Victoria Confino
au Tenement Museum

À partir de 8 ans **Ce musée original reconstitue les conditions de vie des immigrants européens débarquant à New York sans argent à la fin du XIXe siècle ou au début du XXe siècle.**

À travers des visites guidées, vous allez vivre une émouvante expérience en vous imaginant dans la peau d'arrivants tout juste débarqués. Avec des enfants, il est recommandé de suivre la visite **Victoria Confino**, qui parle d'une jeune fille grecque séfarade de 14 ans qui a fui la guerre des Balkans. Arrivée avec sa famille à New York en 1913, elle vécut dans une grande pauvreté, loin du confort qu'elle avait connu. Elle vous ouvre sa porte et vous explique la vie difficile des membres de sa famille entassés dans ce tout petit deux pièces.

La reconstitution des appartements du 97 Orchard Street est fidèle. Victoria Confino a vraiment existé et vécu ici. Pour parfaire l'illusion, l'actrice qui joue son rôle s'exprime même dans un mélange d'anglais et de *ladino*, la langue des juifs séfarades qui avaient fui l'Espagne lors de l'Inquisition. Vous êtes invités à lui poser toutes les questions (en anglais !) que vous voulez.

D'autres visites comme **Sweatshop Workers** permettent de découvrir les conditions de travail dans ces ateliers où les immigrés s'échinaient pour des salaires de misère. L'exposition **Shop Life** permet d'explorer la vie des commerçants de l'époque dans un bar reconstitué. Des écrans interactifs expliquent, avec des extraits audio ou vidéo, la vie d'un couple de bouchers casher ou bien celle d'un vendeur aux enchères.

Dans ce type de logement **HLM de l'époque**, près de 7000 habitants se sont succédé de 1863 à 1935 dans de minuscules appartements. L'immeuble, inoccupé jusqu'à la fin des années 1980, est devenu un précieux témoin grâce à l'historienne Ruth Abraham. Elle a voulu y créer un musée rendant hommage aux immigrés qui ont fait des États-Unis ce qu'ils sont aujourd'hui. En 1992, elle ouvre enfin le Tenement Museum.

Parlez-vous le ladino ?
Cette langue mélangeant des mots d'hébreu à de l'espagnol remonte à la fin du XVᵉ siècle, quand les juifs ont été chassés d'Espagne par l'Inquisition. Au fil des siècles, le ladino a été influencé par les différentes langues des pays de la Méditerranée où ils se sont réfugiés. Le ladino s'écrit en caractères hébraïques et de droite à gauche. Aujourd'hui, moins de 200 000 personnes le parlent encore.

Notre conseil Il est indispensable de réserver les visites suffisamment à l'avance, particulièrement celle avec Victoria Confino (trois fois par semaine de juillet à septembre, mais seulement le week-end le reste de l'année). C'est la seule visite autorisée aux moins de 6 ans (poussettes interdites). Il vous faudra, bien sûr, une connaissance minimum de l'anglais. Le site indique le nombre de places disponibles pour chaque visite.

Plan p. 56-57 7 F5 ON Y VA ! ☐

103 Orchard St • M Grand St [B, D], Essex St [J, M, Z], Delancey St [F] • tenement.org • 877 975 3786 • tlj 10h-18h30 (je 20h30, sa 19h) • adulte 27 $, jeune (6-17) 22 $

Grimper de la cave au grenier
au Merchant's House Museum

À partir de 5 ans **Après la visite du Tenement Museum, vous pouvez continuer votre voyage dans le passé en visitant cette demeure du XIXe siècle.**

Cette résidence a appartenu, de 1835 à 1933, à la famille d'un **commerçant aisé,** Seabury Tredwell. À l'intérieur, tout est resté intact, un peu comme si ses habitants avaient emménagé quelques heures plus tôt : meubles, vêtements et jusqu'au papier peint.

On peut facilement imaginer la vie que menait cette **famille au milieu du XIXe siècle** en visitant toutes les pièces du sous-sol au grenier. Tout en bas se trouve la cuisine. Les enfants pourront s'amuser à soulever un seau de charbon et comprendre la difficulté à approvisionner les cinq étages.

Vous découvrirez qu'à l'époque, même dans la maison d'une famille de classe moyenne, il n'y avait pas de salle de bains. La toilette se faisait à l'aide d'une bassine en cuivre et l'eau était puisée dans une citerne située dans le jardin.

Notre conseil Prenez le livret d'information à l'accueil ; il vous sera très utile pour la visite.

Plan p. 56-57 6 F4 ON Y VA ! ☐

29 East 4th St (entre Lafayette St et Bowery) • M Astor Pl [6], 8 St [R, W] • merchantshouse.org • 212 777 1089 • je 12h-20h, ve-lu 12h-17h (visite guidée à 14h et je 18h30) • adulte 15 $, enfant (–12) gratuit

S.O.S. fantômes !

Le très sérieux journal *New York Times* a désigné la Merchant's House comme la "maison la plus hantée de Manhattan". La maîtresse des lieux, Gertrude Tredwell, veillerait toujours sur sa maison.

Le cœur de Manhattan recèle de nombreux sites et monuments emblématiques du mythe new-yorkais. Le MoMA vous révélera les grandes œuvres de l'art contemporain, Times Square vous fascinera par ses lumières et son rythme trépidant. Top of the Rock mettra New York à vos pieds tandis que l'Intrepid Sea Air Space Museum suscitera peut-être des vocations de pilote d'avion ou de cosmonaute chez vos enfants.

Croiser un lion de pierre
à la New York Public Library

Tous âges C'est assez original de visiter une bibliothèque mais le bâtiment de la New York Public Library vaut vraiment le détour... et en plus c'est gratuit !

Classé **monument historique,** cet édifice est un joyau de l'architecture de style Beaux-Arts. Avant d'entrer, admirez la façade avec ses colonnades corinthiennes et ses deux énormes lions. Une fois dans le hall, vous serez époustouflés par la **majesté des deux grands escaliers** qui mènent aux salles de lecture. À l'étage, les couloirs richement décorés, les plafonds peints, les candélabres posés à l'entrée des halls, les lambris ouvragés vous plongeront dans un décor de cinéma. Des scènes de films ont d'ailleurs été tournées dans ce lieu, dont certaines de *Harry Potter* et *S.O.S. fantômes*, entre autres.

La bibliothèque détient plus de **50 millions de documents,** dont de très précieux, comme une copie originale de la déclaration d'indépendance et une bible de Gutenberg. La **section des cartes et plans** est une des plus riches collections mondiales (elle fut

Patience et Fortitude

Les deux imposants lions en marbre situés de part et d'autre de la façade se nommaient "Leo Astor" et "Leo Lenox" en hommage aux fondateurs de la NYPL. En 1930, le maire de New York, Fiorello La Guardia, les surnomma Patience et Fortitude ; des qualités requises, selon lui, pour surmonter la grande dépression.

intensivement utilisée entre 1942 et 1945 par les services secrets et l'état-major de l'armée américaine).

Ouvert au public en mai 1911, le bâtiment principal de la NYPL accueille aujourd'hui les visiteurs désireux de s'instruire et de travailler dans ce lieu mythique de Manhattan. Le style d'époque a été conservé, bien que la technologie moderne se soit installée pour faciliter le travail de recherche.

L'impressionnante **Rose Main Reading room**, l'incontournable de la bibliothèque, est une salle de lecture éclairée par de grandes fenêtres et de nombreux lustres suspendus. Elle est grande comme un terrain de foot et sa hauteur est équivalente à cinq étages. Vous pouvez aussi aller jeter un oeil à l'**Edna Barnes Salomon Room** qui est tout aussi belle avec ses grands plafonniers et sa galerie de portraits de personnalités tels que George Washington ou Truman Capote. Aux étages intermédiaires sont présentées des expositions temporaires, avec des livres rares ou des objets remarquables issus de collections.

Notre conseil Après cette petite parenthèse culturelle, profitez de la proximité de **Bryant Park** (p. 78), juste à côté, pour emmener vos lutins se dégourdir les jambes ou faire un petit tour de manège (p. 143).

Plan p. 68-69 ⓬ E3 ON Y VA ! ☐

476 5th Ave (entre 41 St et 42nd St) • Ⓜ 42 St-Bryant Park [B, D, F, M], 5 Av [7] • nypl.org • 917 275 6975 • lu-sa 10h-18h (ma-je 20h) • gratuit

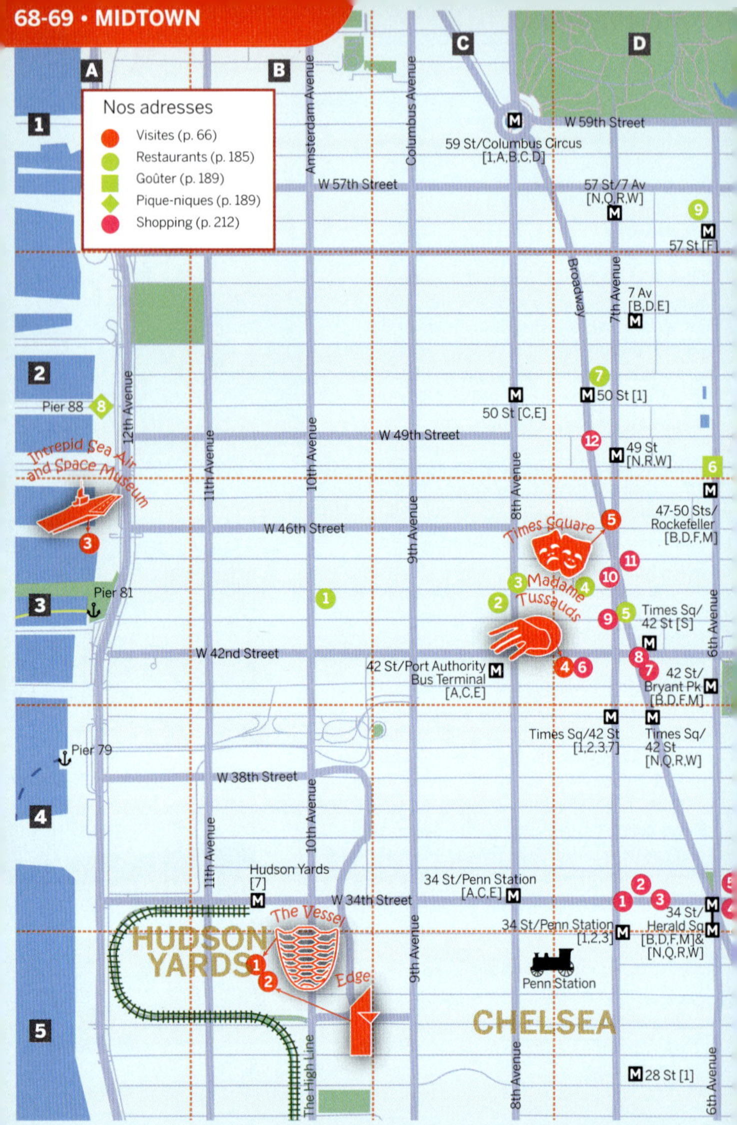

Nos adresses
Visites (p. 66)
Restaurants (p. 185)
Goûter (p. 189)
Pique-niques (p. 189)
Shopping (p. 212)
A
B
C
D
1
2
3
4
5
Amsterdam Avenue
Columbus Avenue
W 59th Street
59 St/Columbus Circus [1,A,B,C,D]
W 57th Street
57 St/7 Av [N,Q,R,W]
57 St [F]
Broadway
7th Avenue
7 Av [B,D,E]
12th Avenue
Pier 88
50 St [C,E]
50 St [1]
W 49th Street
11th Avenue
10th Avenue
49 St [N,R,W]
Intrepid Sea Air and Space Museum
8th Avenue
47-50 Sts/ Rockefeller [B,D,F,M]
W 46th Street
9th Avenue
Times Square
Madame Tussauds
Pier 81
Times Sq/ 42 St [S]
6th Avenue
W 42nd Street
42 St/Port Authority Bus Terminal [A,C,E]
42 St/ Bryant Pk [B,D,F,M]
Times Sq/42 St [1,2,3,7]
Times Sq/ 42 St [N,Q,R,W]
Pier 79
W 38th Street
Hudson Yards [7]
34 St/Penn Station [A,C,E]
W 34th Street
The Vessel
34 St/Penn Station [1,2,3]
34 St/ Herald Sq [B,D,F,M]& [N,Q,R,W]
HUDSON YARDS
Edge
Penn Station
CHELSEA
The High Line
28 St [1]

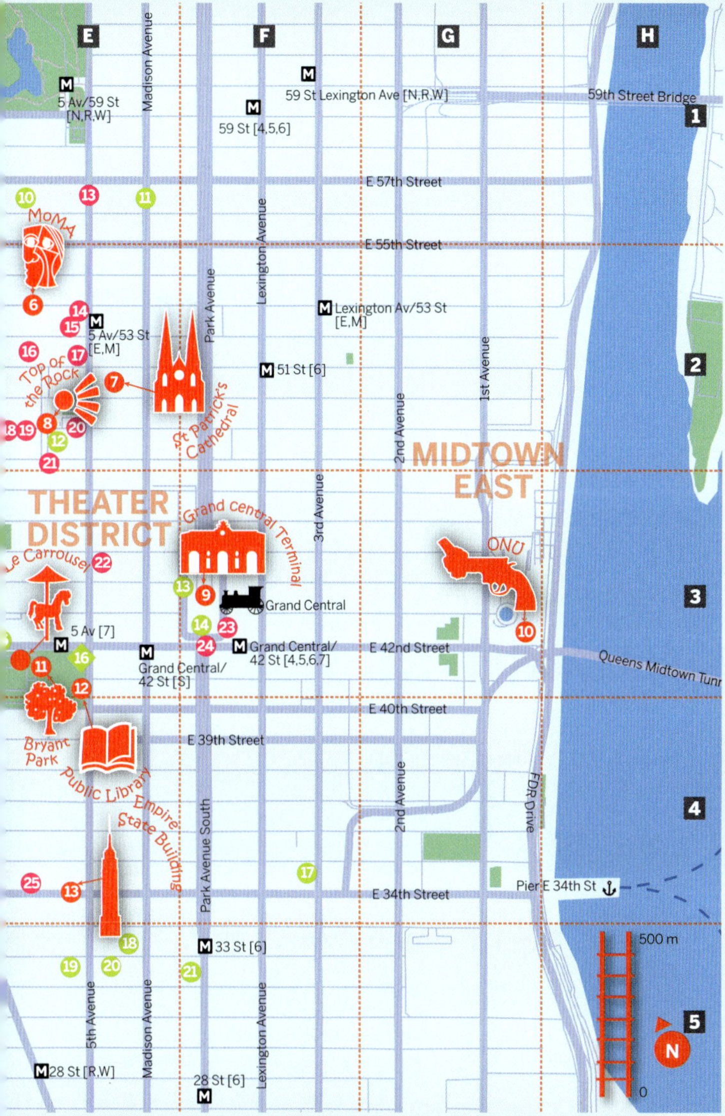

E
F
G
H
1
2
3
4
5
5 Av/59 St [N,R,W]
Madison Avenue
59 St Lexington Ave [N,R,W]
59 St [4,5,6]
59th Street Bridge
E 57th Street
E 55th Street
MoMA
Lexington Avenue
Park Avenue
Lexington Av/53 St [E,M]
5 Av/53 St [E,M]
51 St [6]
1st Avenue
Top of the Rock
St Patrick's Cathedral
2nd Avenue
MIDTOWN EAST
THEATER DISTRICT
3rd Avenue
Grand Central Terminal
Le Carrousel
ONU
Grand Central
5 Av [7]
Grand Central/ 42 St [4,5,6,7]
Grand Central/ 42 St [S]
E 42nd Street
Queens Midtown Tunr
E 40th Street
E 39th Street
Bryant Park
Public Library
Empire State Building
FDR Drive
Park Avenue South
Pier E 34th St
E 34th Street
500 m
33 St [6]
5th Avenue
28 St [R,W]
28 St [6]
0
N

Découvrir l'art moderne au MoMA

À partir de 4 ans Le MoMA est le plus ancien musée d'art moderne du monde. Il possède de nombreuses œuvres prestigieuses, de Van Gogh à Lichtenstein en passant par Picasso, Dalí, Mondrian ou Malevitch.

Partagez avec vos bambins le monde de l'art moderne qui attire et souvent fascine l'imaginaire des enfants. Couleurs vives, portraits déstructurés, bestiaires improbables, objets usuels détournés... tout un univers artistique à découvrir en famille.

Les collections du Museum of Modern Art (MoMA) se déploient sur sept niveaux en mêlant peinture, sculpture, architecture, design, dessin, photographie, médias, sans oublier les estampes et les livres illustrés. Un agréable jardin présente des sculptures et un cinéma des rétrospectives.

Commencez votre visite par les niveaux les plus élevés pour suivre l'évolution des époques, les collections les plus anciennes étant au dernier niveau. Vous verrez donc se succéder les divers mouvements artistiques, de l'impressionnisme au Pop Art en passant par le cubisme, le surréalisme... Les œuvres des plus grands maîtres y sont exposées : **Van Gogh, Gauguin, Matisse, Picasso**...

Parmi les œuvres les plus anciennes se trouvent deux tableaux de Van Gogh, ***La Nuit étoilée*** et ***Portrait de Joseph Roulin*** (salle 501), identifiable à sa casquette d'employé de la Poste. La salle 503 abrite le très célèbre tableau de Picasso, ***Les Demoiselles d'Avignon***. Il s'agit de la dernière peinture à l'huile sur toile, de très grand format, réalisée à Paris par l'artiste.

En salle 508, vous voilà devant la ***Roue de bicyclette*** de Marcel Duchamp, une sculpture facilement reconnaissable puisqu'il s'agit d'une roue de bicyclette posée sur un tabouret. En inventant, au début du XXe siècle, le *ready-made*, cet artiste a ouvert la voie aux mouvements qui vont utiliser des objets courants pour en faire des œuvres d'art.

Avec l'un de ses derniers tableaux, ***Broadway Boogie Woogie*** (salle 512), Mondrian expose sa vision de la ville en positionnant les lumières de Broadway selon le rythme syncopé du boogie-woogie. D'accord, ce n'est pas immédiatement évident, mais, heureusement, le titre et le très intéressant audioguide (également en version *kids*) vous donnent la bonne piste à suivre pour explorer ce tableau déroutant.

Dans la salle 505, avec son tableau ***Moi et le village***, Chagall nous entraîne sur le chemin de ses souvenirs d'enfance dans son village de Vitebsk en Russie.

Question de langage
À une dame qui lui disait : "Vos peintures, pour moi, c'est du chinois", Picasso répondit : "Mais, madame, le chinois, ça s'apprend."

Les **salles du niveau 4** contiennent nombre d'œuvres pour le moins surprenantes, telles que le simplissime OOF de **Ruscha**, les toiles inspirées de comics de **Roy Lichtenstein**, l'incontournable Marilyn et les soupes Campbell de **Warhol**, et les compositions géométriques en papier peint à la gouache d'**Henri Matisse**.

Activités enfants Le MoMA met à disposition d'**excellents audioguides** en français, en versions adulte et enfant, de quoi transformer toute la famille en expert de l'art contemporain ! Ils sont **disponibles gratuitement** aux 1er, 2e et 5e étages du musée. Des ateliers créatifs, comme le **MoMa Art Lab**, sont accessibles aux familles pour discuter de l'art, découvrir des techniques et réaliser des œuvres personnelles. Demander également, aux points infos ou au Art Lab, les **remarquables livrets** qui permettent d'appréhender l'art moderne (dans un anglais très accessible). Les *kids* vont pouvoir ainsi explorer le musée en réalisant des activités grâce à ces petits livrets.

Les rescapées du Titanic
Dans le film *Titanic*, on aperçoit le tableau de Picasso *Les Demoiselles d'Avignon* dans la luxueuse cabine de 1re classe qu'occupe Rose, l'héroïne. James Cameron a repris un mythe populaire, mais le tableau exposé au MoMA n'a jamais fait le voyage vers New York sur le Titanic.

Nos conseils Profitez des expositions temporaires et des ateliers artistiques ouverts au public au fil de la journée. Pensez à télécharger l'appli mobile du MoMA, facilement utilisable grâce au wi-fi gratuit dans le musée, afin de faire une visite guidée du musée interactive et complète (existe en version *kids*).

Plan p. 68-69 6 E2 ON Y VA ! ☐

11 West 53rd St (entre 5th Ave et 6th Ave) • M 5 Av-53 St [E, M], 57 St [F] • moma.org • 212 708 9400 • tlj 10h30-17h30 (ve 21h) • adulte 25 $, enfant (– 16) gratuit, gratuit ve 17h30-21h

Pousser la porte
de la St Patrick's Cathedral

Tous âges **La plus grande cathédrale catholique dans un pays majoritairement protestant est l'un des piliers de la communauté irlandaise. Elle est d'ailleurs dédiée au saint protecteur de l'Irlande.**

St Patrick's Cathedral est le siège de l'archidiocèse de New York. Construite entre 1858 et 1878 **en style néogothique**, St Patrick, avec ses 101 m de hauteur, dépassait d'un court clocher Notre-Dame de Paris (96 m).

St Patrick apparaît comme un petit bijou d'architecture perdu au milieu des gratte-ciels. En passant ses majestueuses portes en bronze qui ne pèsent pas moins de quatre tonnes, vous serez captivés par la beauté et la finesse des détails. Les mosaïques sont un plaisir pour les yeux, et en particulier la **magnifique rosace** qui mesure 8 m de diamètre. On ne dirait pas vu d'en bas ! Son grand orgue monté en 1930 dispose de **5 918 tuyaux**. Ne manquez pas la patronne des Amériques, **Lady of Guadalupe,** une représentation de la Vierge, ainsi que la très belle Pietà, sculpture de la Vierge pleurant le Christ. Réputée pour son acoustique, la cathédrale accueille de nombreux concerts, mais aussi des mariages et enterrements de personnalités.

Saint Patrick's Cathedral représente le haut lieu de la vie spirituelle catholique new-yorkaise. C'est aussi le spot idéal pour regarder le défilé de deux importantes fêtes populaires (p. 14) : l'**Easter Parade** et la **St Patrick's parade.**

Plan p. 68-69 7 E2 ON Y VA !

5th Ave (entre E 50th St et E 51st St) • M 5 Av-53 St [E, M], 51 St [6] • saintpatrickscathedral.org • 212 753 2261 • tlj 6h30-20h45 • gratuit

Surplomber la ville
depuis Top of the Rock

À partir de 4 ans L'une des plus chouettes vues de New York et de ses environs depuis le 70e étage du Rockefeller Center.

Entre **Top of the Rock**, le **One World Observatory** (p. 53), le **Edge** (p. 87) et l'**Empire State Building** (p. 79), la compétition est intense pour se disputer le titre de "plus belle vue de New York". Avouons-le, le choix est difficile tant chacune de ces "grandes dames" offre un **panorama magnifique**.

Top of the Rock, par rapport à l'Empire State Building, présente l'avantage d'avoir un beau point de vue sur... l'Empire State Building ! Autre avantage, la **plate-forme à ciel ouvert sur 360°** qui donne la sensation de planer au-dessus de la ville. Un effet vraiment grisant, sauf pour les gens qui ont le vertige et qui préféreront les plates-formes avec baies vitrées, mais sans plafond, idéales pour prendre de belles photos et de mémorables selfies.

Vous pourrez également apercevoir, entre les grandes tours du nord de Midtown, une partie de l'immense tapis vert que représente **Central Park**, attribuer leur nom aux différents ponts qui relient Manhattan aux autres quartiers ou

Les travailleurs du ciel

Les Indiens mohawks, issus d'une tribu du nord-est des États-Unis, ont contribué dès les années 1920 à édifier les ponts et gratte-ciels de New York. Capables d'escalader et de travailler en hauteur sans appréhension ni vertige, ils ont acquis la réputation de marcher sur des poutres d'acier, à plus de 200 m de hauteur, comme sur un trottoir.

encore plonger – du regard seulement – sur les voitures et les piétons en contrebas qui ont l'air de petits jouets !

Nos conseils Pour éviter la file d'attente, achetez vos billets en ligne avec un horaire fixe. Privilégiez bien sûr un jour où le temps est clair. Et le must est une visite en fin de journée pour voir la ville briller de mille feux, moyennant un supplément de 10 $.

Plan p. 68-69 8 E2 ONYVA !

30 Rockefeller Plaza, W 50th St (entre 5th et 6th Ave) • M 47-50 St-Rockefeller Ctr [B, D, F, M] • topoftherocknyc.com • 877 692 7625 • tlj 8h-23h • adulte 38 $, enfant (6-12) 32$

En prendre plein les mirettes
à Times Square

Tous âges **Chaque année, près de 30 millions de touristes se pressent (pas tous ensemble, bien sûr !) sur cette place considérée comme le "carrefour du monde", fascinés par le spectacle de la rue et des écrans.**

Times Square est une des ***places les plus célèbres de New York***. Elle est délimitée par Broadway et la 7th Avenue, entre la 42nd et la 47th St. Elle a la forme de deux triangles opposés par leurs pointes et tire son nom de l'ancien emplacement du siège du journal le *New York Times*. C'est le rendez-vous des mordus de comédies musicales et de tous ceux qui aiment se fondre dans cette ambiance électrique sans crainte des bains de foule.

Vous pouvez vous poser sur les *Red Steps,* une estrade rouge plantée à l'angle de la 47th St, pour assister au ballet des taxis, voir défiler publicités, cours de la bourse, émissions de télé sur des dizaines d'écrans lumineux. Celui installé sur la façade de l'hôtel Mariott, est **le plus grand du monde** : il mesure la longueur d'un terrain de foot, sur neuf étages ! En dessous se trouve l'une des boutiques de TKTS (p. 134) qui vend des billets à prix réduit pour les shows de Broadway programmés le jour même.

Activités enfants Vous aurez certainement beaucoup de mal à refuser à vos enfants la visite du **Disney Store** (p. 214) avec son décor magique qui enchantera vos chérubins. Des activités de dessin pour apprendre à reproduire les personnages Disney y sont parfois proposées. Au nord de Times Square, juste après la 48th St, un magasin **M&M's World** (p. 216) propose ses bonbons de toutes les couleurs qui font la joie des enfants et des dentistes !

Plan p. 68-69 5 D3 ON Y VA ! ☐

Times Square (Broadway entre W 42nd St et W 47th St) • M Times Sq-42 St [N, Q, R, S, W, 1, 2,3, 7]

Rencontrer des people
au musée Madame Tussauds

À partir de 6 ans **Vous souhaitez rencontrer Robert Pattinson ou Justin Bieber, Lady Gaga ou Madonna, Obama, le pape ou le dalaï-lama ? Vous êtes à la bonne adresse. Un peu cher, tout de même.**

Allez savoir pourquoi, les enfants adorent approcher les stars, même sous l'apparence de mannequins de cire. Et ils ne résistent pas à se faire photographier en leur compagnie. Du coup, les parents ont aussi un prétexte pour côtoyer leurs célébrités préférées.

La visite commence, puisque vous êtes accueillis par **Jennifer Lopez**, **Robert Pattinson**, **Angelina et Brad**. Les enfants rencontreront leurs héros préférés : **Captain America, Hulk, Iron Man ou encore Lionel Messi**.

Dans la **galerie *World Leaders & Politics*,** vous pouvez prendre la pose avec d'anciens présidents américains comme **Obama** ou **Reagan** ; **Einstein**, le **pape** ou le **dalaï-lama** sont également là. La salle ***Culture*** comblera les parents, qui pourront retrouver les vedettes de leur jeunesse. La salle ***Music*** plaira plus à la jeune génération avec **Lady Gaga** ou **Justin Bieber**, **Shakira** ou **Madonna** (pas très réussie). Et dans la zone ***Sports***, un basketteur est accompagné d'un jockey qui fait la moitié de sa taille.

Rendez-vous enfin sur ***Skull Island*** pour vous retrouver en face à face avec **King Kong** !

Madame Tussaud

Née en France en 1761, Mme Tussaud (sans s !) a commencé sa carrière à Berne auprès d'un docteur qui fabriquait des masques de cire, en mettant à profit ses connaissances en anatomie. Elle prit ensuite son indépendance à Paris, pendant la Révolution, avant d'aller présenter ses masques de cire en Angleterre. Elle finit par s'y installer et y resta jusqu'à sa mort en 1850.

Moyenant un supplément de 5 $ pour les adultes et 4 $ pour les enfants, vous pouvez assister à une **séance 4D** de 10 minutes qui met en scène les **super héros de Marvel**.

Plan p. 68-69 4 D3 ON Y VA !

234 West 42nd St (7th-8th Ave) • M Times Sq-42 St [N, Q, R, S, W, 1, 2, 3, 7], 42 St-Port Authority Bus Terminal [A, C, E] • madametussauds.com • 212 512 9600 • tlj 9h-22h • adulte enfant 37 $, (tarif en ligne 30 $ incluant séance 4D)

Faire une partie de ping-pong
à Bryant Park

Tous âges **Un petit air de France souffle sur ce parc situé derrière la New York Public Library, avec son manège à l'ancienne et son terrain de pétanque.**

À deux pas de Times Square et de Grand Central Station, ce petit parc est une **vraie oasis**. Son surnom de "petit Luxembourg", en référence au grand jardin parisien, lui vient de quelques particularités : jardins à la française, chaises importées de France, carrousel de chevaux de bois qui tournent au rythme de chansons françaises, terrain de pétanque, kiosques-cafés.

Tout au long de l'année, le parc accueille de nombreux événements : festival de cinéma en plein air, Fashion Week, patinoire (à partir de fin octobre jusqu'à début mars), et l'un des plus beaux marchés de Noël de la ville. Les enfants, quant à eux, se régaleront de tours de manège ou de parties de ping-pong.

Les amateurs de sport cérébral ne sont pas oubliés avec les tables d'échecs ou de backgammon. Dans la **Reading Room**, des chariots proposant le prêt de livres et magazines – à lire sur place – pour tous les âges vous permettront de profiter d'un moment paisible, loin des fureurs de la ville. Du printemps à l'automne, c'est un lieu de pique-nique très agréable, à l'ombre de ses grands arbres.

Plan p. 68-69 11 E3 ON Y VA ! ☐

Entre W 40th et W 42nd St et 5th et 6th Ave • M 42 St-Bryant Pk [B, D, F, M], 5 Av [7] • bryantpark.org • 212 768 4242 • horaires selon la saison

Se prendre pour King Kong
en grimpant au sommet de l'Empire State Building

À partir de 4 ans **Ce n'est plus le gratte-ciel le plus haut de New York, mais l'Empire State Building est assurément le plus emblématique de la ville.**

Monter dans l'Empire State, haut de 381 m, est déjà une expérience en soi tant le bâtiment est iconique. C'est pourquoi il attire, chaque jour, un nombre élevé de visiteurs (2,5 millions par an !). Heureusement, la file d'attente est parsemée d'**animations** pour faire passer le temps plus vite, comme avec ce **King Kong** géant qui vous attend au 2e étage.

Une fois au **86e étage**, la vue sur la ville est à couper le souffle. On a presque l'impression de la regarder depuis le hublot d'un avion !

L'Empire State propose de nombreuses variantes pour rendre l'ascension encore plus inoubliable, notamment une plateforme au 102e étage. Mais bien entendu cela a un prix (30 $ par personne !) Soyons honnête, la vue du 86e étage est déjà impressionnante et a de quoi plaire à toute la famille.

Séance en plein air

Construits juste après le krach boursier, les bureaux de l'Empire State Building sont restés désespérément vides. En 1933, ce gratte-ciel connaît enfin la célébrité et le succès grâce à un film : *King Kong* et sa légendaire scène avec le singe sur le toit du *skyscraper*.

Notre conseil Achetez votre billet en ligne avec horaire réservé (l'attente peut toutefois rester longue à cause de l'affluence et de la sécurité).

Plan p. 68-69 ⑬ E4 ON Y VA ! ☐

350 5th Ave • M 34t St-Herald Sq [B, D, F, M, N, Q, R, W], 33 St [6] • esbnyc.com • 212 736 3100 • tlj 8h-2h • billets standart 86e étage/102e étage: adulte 42 $/72 $, enfant (6-12) 36 $/ 66 $

JEU DANS LE LIVRET ENFANT VOIR PAGE 4

Explorer la gare
de Grand Central Terminal ☺☺☺

Tous âges **La gare de Grand Central, n'est pas qu'une immense gare, c'est aussi un magnifique édifice d'inspiration Beaux-Arts qui se visite tel un musée.**

Quotidiennement se croisent, dans la **plus grande gare de New York**, plus de 750 000 personnes, pour la plupart indifférentes à la beauté de ce joyau de l'architecture Beaux-Arts.

Dans les années 1980, Jacky Kennedy a permis de sauver ce magnifique bâtiment de la démolition. Grand Central Terminal a repris sa place d'honneur parmi les grands monuments de la ville et a fêté ses 100 ans en 2013. Il peut s'enorgueillir d'avoir servi de décor (reproduit en animation) à des films célèbres comme *Madagascar* (les animaux veulent y prendre un train).

Dans le hall principal, levez les yeux sur la splendide **voûte céleste** bleue parsemée de constellations zodiacales, dont certaines étoiles sont illuminées. Cette œuvre a été réalisée par un artiste français, du nom de Paul-César Helleu. Amusez-vous à aller chuchoter un secret à la **Whispering Gallery** (près du Oyster Bar).

La gare abrite des boutiques et un marché alimentaire fourni en produits de qualité où l'on trouve même des fromages français. Au sous-sol, vous aurez un vaste choix de stands de restauration.

Pour découvrir tous les mystères de Grand Central Terminal, rendez-vous à la page 4 du livret enfant.

Plan p. 68-69 9 F3 ON Y VA ! ☐

89 East 42nd St • M Grand Central-42 St [S, 4, 5, 6, 7] • grandcentralterminal.com • 212 878 7034 • tlj 5h30-2h • gratuit

Sauver la planète
au siège de l'Organisation des Nations unies (UN)

À partir de 5 ans **Voici une occasion unique de voir de plus près comment fonctionne cette organisation qui tente de prévenir ou d'arrêter les conflits aux quatre coins du monde.**

L'organisation des Nations Unies a été créée officiellement le 26 juin 1945 par 51 pays afin de garantir la paix et la sécurité dans le monde issu de la Seconde Guerre mondiale. L'ONU (UN, en anglais) met également en place des programmes pour vaincre la faim, la maladie et l'analphabétisme.

Du lundi au vendredi, un **Children's Tour** de 45 min (en anglais) est organisé à 15h50 pour les enfants de 5 à 12 ans (accompagnés d'un adulte). Au début de la visite, un cahier est remis aux jeunes visiteurs afin qu'ils puissent, à l'aide de six personnages - chacun parlant l'une des langues officielles de l'ONU (anglais, français, russe, espagnol, arabe ou mandarin) -, comprendre de façon ludique les missions de l'ONU.

Les enfants vont pouvoir également découvrir le rôle principal de l'**Unicef**, une association humanitaire dédiée à l'enfance en difficulté. On dénombre dans le monde 63 millions d'enfants qui ne vont pas à l'école. L'Unicef a développé une mallette, la ***School in a Box***, dont le contenu permet de créer une école quelles que soient les conditions : peinture noire pour faire un tableau, cahiers sans marge utilisables dans toutes les langues...

L'ONU en quelques chiffres

- 193 pays sur 196 sont membres de l'ONU.
- 104 000 Casques bleus sont engagés dans 14 opérations sur quatre continents.
- 71 millions de personnes dans 83 pays reçoivent une aide alimentaire.
- 70 millions de réfugiés et de personnes fuyant la guerre, la famine ou la persécution sont pris en charge.

La **War and Peace Zone** évoque la guerre et la paix à travers le monde. La section **Peacekeeping** ("maintien de la paix") explique l'action des **Casques bleus** envoyés aux quatre coins du monde pour s'interposer entre les combattants et tenter de ramener la paix.

N'oubliez pas de venir avec vos passeports pour l'enregistrement à faire au *Visitor Check-in Office*, situé en face de l'entrée de l'ONU. Prévoyez du temps avant la visite pour ce passage de sécurité.

Plan p. 68-69 10 G3 ON Y VA !

1st Ave (niveau 47th St) • M Grand Central-42 St • visit.un.org/fr • 212 963 8687 • lu-ve 10h-16h45 • adulte 22 $, enfant (13-18) 15 $, (5-10) 12 $ (-5) non autorisé • possibilité de réserver une visite guidée en français en ligne

Embarquer sur un porte-avions
à l'Intrepid Sea Air and Space Museum

À partir de 6 ans **Ce porte-avions, transformé en musée flottant, héberge une impressionnante collection d'engins volants militaires, mais aussi civils.**

Durant ses années de service, l'**Intrepid,** c'est le nom du porte-avions, a participé à différents conflits. Pendant la Seconde Guerre mondiale, il a même subi des attaques d'avions kamikazes japonais.

Avant de prendre sa retraite définitive en 1982 et être transformé en musée, il a servi pendant

sept ans pour récupérer en mer les capsules des missions spatiales américaines.

Vous allez voir de près des avions, des hélicoptères, des capsules spatiales et expérimenter des simulateurs. Mais aussi explorer un sous-marin, grimper dans le **Concorde** et même dans la navette spatiale **Enterprise !**

Sur le pont se trouve une **quinzaine d'hélicoptères et d'avions de chasse** (dont l'un décoré d'un nez de requin !). On peut y voir l'avion furtif américain **Blackbird** (trois fois la vitesse du son) ou un **MIG** russe. Vous aurez même l'occasion de monter pour jeter un coup d'œil dans l'un des célèbres hélicoptères **Sikorsky.**

Une ville flottante

L'Intrepid hébergeait, en opération, 2600 officiers et hommes d'équipage. Long de 250 m, il pouvait se déplacer à la vitesse de 33 nœuds (61 km/h). Son armement était constitué de 62 canons de différentes tailles et puissances. Le sous-marin Growler, amarré à côté de l'Intrepid, fait quant à lui 98,30 m de long. Il avait une vitesse en plongée de 12 nœuds (22 km/h) contre 20 nœuds (37 km/h) en surface.

Plusieurs simulateurs sont proposés (pour 9 $, taille minimale 1 m). Le **Transporter Fx** vous entraîne dans un combat aérien avec un avion qui décolle d'un porte-avions en visualisation 3D. Avec le **G-Force,** vous vous retrouverez plaqué dans le siège d'un avion de la Seconde Guerre mondiale. Trois fois par jour, vous pouvez monter et descendre avec la plate-forme élévatrice qui permet d'amener les avions sur le pont du navire.

Activités enfants L'Exploreum propose 1200 m² d'activités interactives dédiées aux enfants. Dans la **Space Zone**, ils peuvent prendre place dans une capsule spatiale **Gemini** et suivre son décollage sur un écran. Dans l'Air Zone, ils peuvent grimper dans le cockpit d'un avion de chasse et le piloter à l'aide d'un écran de simulation. Le week-end, le **Discovery Deck** propose aux familles des activités manuelles ou artistiques ainsi que des expériences. Un audioguide en français dédié aux enfants est disponible pour 7 $.

Plan p. 68-69 3 A3 ON Y VA ! ☐

Pier 86 (12th Ave, angle 46th St) • M 42 St-Port Authority Bus Terminal [A, C, E], Times Sq-42 St [N, Q, R, S, W, 1, 2, 3, 7] • intrepidmuseum.org • 212 957 7041 • lu-ve 10h-17h, sa-di 10h-18h (été), tlj 10h-17h (hiver) • adulte 33 $, enfant (5-12) 24 $ • audioguide 7 $

Escalader une œuvre d'art au Vessel

À partir de 8 ans **Avec 2 500 marches, soit l'équivalent de 15 étages, ce nouveau site touristique insolite (et gratuit !) a été conçu comme un escalier sans fin. Préparez-vous, ça va grimper !**

Situé dans le nouveau quartier de **Hudson Yards**, à la pointe nord de la High Line, le Vessel est une **spirale d'escaliers haute de 46 m**. Pour construire ce nouveau quartier, les voies de trains de la gare de Penn Station ont dû être recouvertes d'une énorme dalle de béton.

Cet étonnant bâtiment a été conçu par le designer britannique Thomas Heatherwick comme une œuvre d'art. À la fois sculpture géante et observatoire, le Vessel se compose de **154 escaliers interconnectés par 80 plateformes** (soit un kilomètre et demi de voies verticales) qui permettent d'avoir des vues différentes sur les tours avoisinantes et l'**Hudson River**, tout en grimpant.

À l'inverse de la Tour Eiffel, c'est la base de la structure qui est la plus étroite (15 m), et son sommet le plus large (45 m). À la nuit tombée, une lumière bleue illumine l'intérieur. On croirait alors entrer dans un vaisseau spatiale.

Une ville dans la ville

Hudson Yards aurait dû accueillir le site des Jeux Olympiques de 2012, mais New York n'ayant pas été sélectionnée, un tout autre projet a été imaginé : le plus gros projet immobilier privé jamais réalisé aux États-Unis, avec résidences, bureaux, centre commercial, école, hôtel... Une petite ville, résolument moderne, avec son propre système de traitement des déchets, et des portes souterraines pour se protéger face aux épisodes de montée des eaux.

Notre conseil Réservez vos billets gratuits deux semaines à l'avance sur internet. Préférez un créneau horaire proche du coucher du soleil. Profitez de la proximité de la High Line (p. 54) pour combiner les deux visites.

Plan p. 68-69 1 B5 ON Y VA !

Hudson Yards Public Square • M 34 St-Hudson Yards [7] • hudsonyardsnewyork.com/discover/vessel • 332 204 8500 • gratuit en réservant par internet ou se rendre sur place et attendre le premier créneau disponible, sinon billet Flex Pass 10 $ réservable 6 mois à l'avance en ligne (daté mais sans horaire fixe)

Marcher dans le vide

au Edge

À partir de 5 ans **Des sensations fortes vous attendent en haut du dernier-né des observatoires de New York, avec sa plateforme extérieure vitrée, la plus haute de tout l'occident !**

Une **expérience multimédia** vous mènera en quelques secondes à **335 m de haut**, au dernier étage de la plus haute tour du nouveau quartier de Hudson Yards, d'où vous aurez une vue imprenable sur toute la skyline de Manhattan, de Central Park à la Statue de la Liberté, avec Brooklyn en arrière plan.

L'originalité de cet observatoire réside dans sa **plateforme extérieure suspendue dans les airs**, entourée de panneaux de verre légèrement penchés vers le vide, qui donne réellement l'impression de voler. D'ailleurs, une partie du sol est également en verre. Oserez vous vous tenir debout tout en regardant les **100 étages sous vos pieds** ? Frissons garantis ! Âmes sensibles au vertige s'abstenir !

Notre conseil Prenez vous en photo à la pointe finale de la plateforme. À cet endroit, vous êtes seul face à toute la ville. Un bar à champagne vous aidera à vous remettre de vos émotions.

Plan p. 68-69 ❷ B5 ON Y VA !

20 Hudson Yards • entrée par le 4ᵉ étage du centre commercial • M 34 St-Hudson Yards [7] • edgenyc.com • 332 204 8500 • tlj 8h-0h • adulte 38 $, enfant (6-12) 33 $, (– 6) gratuit (réduction en réservant en ligne)

Dans ce riche quartier se côtoient boutiques de luxe, hôtels et immeubles de grand standing, mais aussi de nombreux musées. Le Metropolitan Museum of Art, dit le Met, vous fera voyager à travers 5000 ans d'histoire de l'art, tandis que le Muséum d'histoire naturelle vous entraînera dans la fabuleuse aventure de la vie. Pour la pause détente, vos pas vous mèneront à Central Park, cette immense oasis de verdure en pleine ville.

Courir après les écureuils de Central Park

Tous âges **Avec ses collines, ses vallons, ses lacs et ses forêts, Central Park est comme un immense morceau de campagne transplanté en plein cœur de New York.**

C'est un élément essentiel de la vie des New-Yorkais qui viennent ici se promener, se détendre, faire du sport, assister à des spectacles ou observer tous les animaux qui en ont fait leur résidence, et plus particulièrement les écureuils.

Central Park s'étend sur 4 km de long, entre la 59th et la 110th St, et sur 800 m de large entre la 5th Avenue et Central Park West. Cela en fait l'un des plus grands parcs urbains au monde. Pour les familles, il est plus intéressant de l'aborder par son milieu, au niveau de l'**American Museum of Natural History** (p. 105), mais vous pouvez aussi bien y accéder après une visite au Metropolitan Museum à l'est. On peut le traverser facilement d'est en ouest. Pour ne pas vous égarer dans les méandres de ses nombreux chemins, prenez les immeubles bordant le parc comme point de repère.

Vous pouvez commencer votre exploration de Central Park par la visite d'un **château de conte de fées**, le Belvedere Castle (p. 92), qui offre un superbe point de vue sur le parc. Si vous arrivez par l'ouest, vous passerez certainement devant un joli chalet de bois qui cache un charmant **théâtre de marionnettes** (p. 93). Juste en face, la "grande pelouse" (Great Lawn) est idéale pour les pique-niques ou les parties de ballon.

Si vous partez plus au sud, n'oubliez pas de semer vos petits cailloux blancs comme le Petit Poucet pour ne pas vous perdre dans la **forêt du Ramble** avec ses chemins tortueux, son ruisseau et ses rochers que les enfants intrépides pourront s'amuser à escalader. En direction de l'est, vous rejoindrez le **lac** (The Lake) que vous pourrez traverser en empruntant le superbe pont métallique (Bow Bridge) pour rejoindre la Bethesda Terrace et sa **fontaine** majestueuse avec, à son sommet, un ange ailé. C'est un bon point de vue pour regarder les **bateaux** manœuvrer sur le lac.

C'est à la **Boat House**, à l'est du lac, que vous pourrez d'ailleurs louer une barque quand le temps le permet (15 $ de l'heure pour 4 personnes, paiement en espèce uniquement). Les amateurs de bateaux télécommandés se précipiteront un peu plus à l'est, au plan d'eau **Conservatory Water**. Du printemps à l'automne, vous pouvez y louer de petits voiliers pour les faire évoluer à votre guise (plus de renseignements sur sailthepark.com).

Au nord du bassin, la statue d'**Alice au pays des merveilles** plaît beaucoup aux enfants qui

Une star à Central Park

Depuis 1991, le parc accueille une buse à queue rousse, Pale Male, devenue une véritable star. Le volatile a élu domicile à l'une des adresses les plus huppées de Manhattan, au n° 927 de la prestigieuse 5th Avenue. Et comme toute célébrité, elle a son site Web : palemale.com

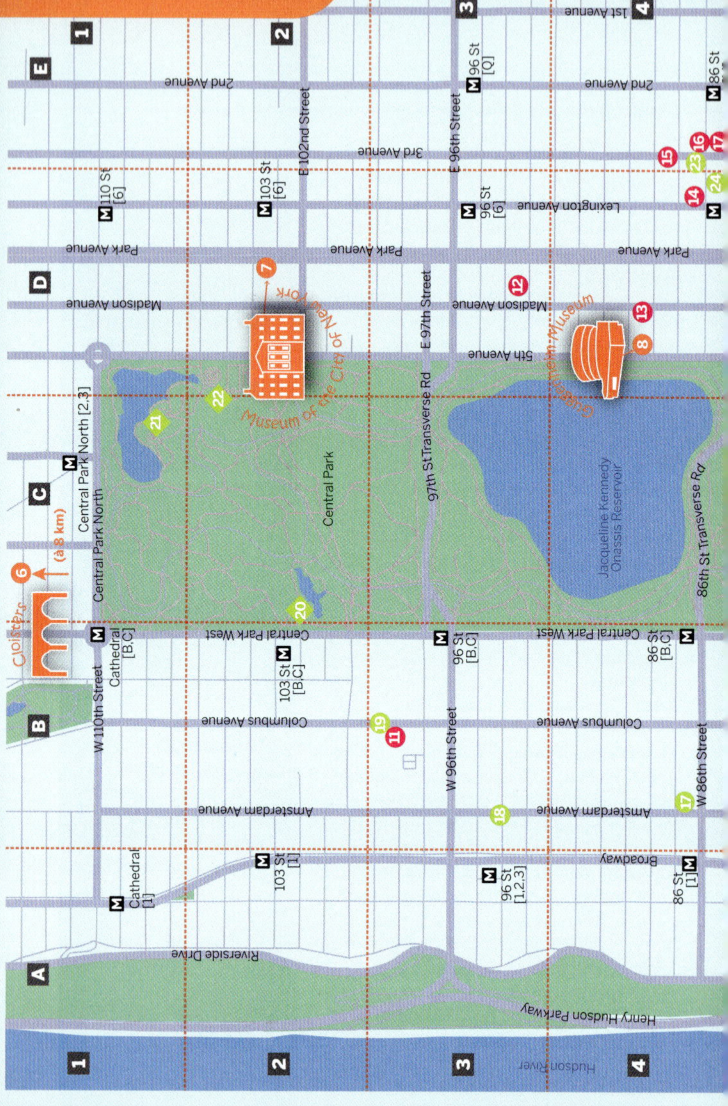

A
B
C
D
E
1
2
3
4
Cloisters
6
(à 8 km)
Museum of the City of New York
7
Guggenheim Museum
8
11
12
13
14
15
16
17
18
19
20
21
22
23
24
Central Park
Jacqueline Kennedy Onassis Reservoir
Central Park North
Central Park North [2,3]
W 110th Street
Cathedral [B,C]
Cathedral [1]
103 St [B,C]
103 St [1]
103 St [6]
110 St [6]
96 St [B,C]
96 St [1,2,3]
96 St [6]
96 St [Q]
86 St [B,C]
86 St [1]
86 St
E 102nd Street
E 96th Street
E 97th Street
97th St Transverse Rd
86th St Transverse Rd
W 96th Street
W 86th Street
1st Avenue
2nd Avenue
3rd Avenue
Lexington Avenue
Park Avenue
Madison Avenue
5th Avenue
Central Park West
Columbus Avenue
Amsterdam Avenue
Broadway
Riverside Drive
Henry Hudson Parkway
Hudson River
M

Nos adresses
Visites (p. 88)
Restaurants (p. 189)
Goûters (p. 193)
Pique-niques (p. 194)
Shopping (p. 217)
Children's Museum of Manhattan
American Museum of Natural History
DiMenna Children's History Museum
American Folk Art Museum
Marionette Theatre Swedish Cottage
Belvedere Castle
Metropolitan Museum of Art
Central Park
Central Park Carousel
Central Park Zoo
Society of Illustrators
Roosevelt Island Tramway
Great Lawn
The Ramble
The Lake
Loeb Boathouse
Conservatory Water
Bethesda Terrace
Sheep Meadow
The Pond
65th St Transverse Rd
Central Park South
Central Park West
Riverside Drive
Joe DiMaggio Highway
Amsterdam Avenue
Columbus Avenue
Broadway
5th Avenue
Madison Avenue
Lexington Avenue
3rd Avenue
2nd Avenue
1st Avenue
W 81th Street
W 79th St
W 72th Street
W 66th Street
W 65th Street
W 59th St
W 57th Street
E 83th Street
E 79th Street
E 72nd Street
E 66th Street
E 65th Street
E 57th Street
79 St [1]
81 St/ Museum of Natural History [B,C]
72 St [1,2,3]
72 St [B,C]
66 St Lincoln Center [1]
59 St/ Columbus Circus [A,B,C,D]
57 St/7 Av [N,Q,R,W]
57 St [F]
5 Av/59 St [N,R,W]
59 St Lexington Av [N,R,W]
59 St [4,5,6]
Lexington Av/63 St [F,Q]
68 St Hunter College [6]
77 St [6]
72St [Q]
500 m
0
N

s'amusent à l'escalader. Un peu plus loin, c'est la statue de Hans Christian Andersen qui attend les bambins avec son grand livre de contes.

Au sud de la 72nd St Transverse Road, l'immense pelouse de Sheep Meadow est aussi une aire de pique-nique ou de détente particulièrement prisée des New-Yorkais. Et juste en dessous de la 65th St Transverse Road, les plus jeunes ne résisteront pas à un tour de **manège** au Friedsam Memorial Carousel.

À l'extrême sud-est du parc, vous trouverez le fameux **zoo de Central Park** (p. 94) qui a été rendu célèbre par le film *Madagascar*.

Notre conseil Prenez un plan du parc gratuit dans les kiosques d'information pour ne pas vous perdre.

Plan p. 90-91 11 C7 ON Y VA ! ☐

Accès entre 59th St et 110th St • M voir la carte • centralparknyc.org • 212 310 6600 • tlj 6h-1h • gratuit

Observer les oiseaux depuis le Belvedere Castle

À partir de 2 ans **Ce château miniature a servi de scène à la mémorable bataille dans le film *Les Schtroumpfs*. Il offre l'un des plus beaux points de vue sur Central Park.**

Un tout petit escalier en colimaçon mène jusqu'à la terrasse située tout en haut du château d'où vous pourrez admirer la vue panoramique. Il accueille des expositions sur le thème de la nature.

C'est aussi une station météorologique. Ensuite, ne manquez pas d'aller voir les **tortues** dans le petit étang au pied du château.

Activités enfants Au moins 200 espèces d'oiseaux peuplent Manhattan. Partez à leur découverte en empruntant un **Discovery Kit**. C'est un sac à dos bien fichu qui contient une carte, des jumelles et surtout un livre pour reconnaître, par exemple, le merle d'Amérique *(american robin)*, le chat moqueur *(gray catbird)* ou le carouge à épaulettes *(red-winged blackbird)*.

Plan p. 90-91 ⑩ C5 ON Y VA !

Central Park (niveau 79th St) • M 81 St-Museum of Natural History [B, C] • centralparknyc.org • 646 799 4833 • tlj 10h-17h (été 9h-19h) • gratuit

Aller voir les marionnettes au Swedish Cottage Marionette Theatre

À partir de 2 ans **Un théâtre de marionnettes pour les plus jeunes, au cœur de Central Park, dans un chalet suédois tout en bois ? On y court !**

Ce théâtre de marionnettes permet au très jeune public, confortablement installé sur de grands bancs de bois, de découvrir des classiques revisités en version chantante et colorée. Les représentations sont bien sûr en anglais, mais la langue n'est pas un obstacle pour profiter du spectacle. Le théâtre est installé dans un **superbe chalet** importé tout droit de Suède en 1876.

Plan p. 90-91 4 B5 ON Y VA !

Central Park (niveau 79th St) • M 81 St-Museum of Natural History [B, C] • cityparksfoundation.org • 212 360 1399 • plusieurs horaires selon les jours entre 10h30 et 14h30, durée environ 1h • adulte 12 $, enfant (– 12) 8 $

Regarder danser des otaries
au Central Park Zoo

Tous âges Bien que modeste par sa taille, c'est le zoo favori des petits New-Yorkais et plus encore depuis qu'il a connu la célébrité en apparaissant dans le film *Madagascar*.

Il héberge quelque 1400 animaux : otaries, ours grizzly, léopards des neiges mais aussi des animaux de la ferme. À l'entrée, vous serez accueillis par un magnifique carillon animé avec ses animaux en bronze. Il se met en marche chaque heure, avec une grande variété de mélodies.

Les **otaries** font le show tous les jours dans leur grand bassin vitré (11h30, 13h30, 15h30). Admirez le talent incroyable de ces intrépides acrobates. De grandes baies vitrées permettent d'observer des **pingouins** qui s'ébattent sous l'eau. Leur déjeuner est à 10h30 et 14h30. Les animaux les plus spectaculaires sont certainement les **ours grizzly** séparés de vous par une simple vitre. Une forêt tropicale reconstituée accueille insectes et oiseaux dans une atmosphère humide qui fait bien vite oublier que vous êtes à New York. Au **4D Theater,** vous pourrez voir des films dans une salle dotée d'effets spéciaux : vibrations, jets d'air, neige artificielle ou sprays d'eau. Sensations garanties (7 $) !

L'un des points forts de ce zoo est le **Tisch Children Zoo**, un peu à l'écart, où les plus jeunes pourront approcher des chèvres ou d'autres **animaux de la ferme** dans un contexte plus informel. Ne manquez pas les carapaces vides de tortues pour faire de belles photos avec vos bambins.

Nos conseils C'est un endroit très populaire le week-end et lors des belles journées ensoleillées, il vaut donc mieux arriver en tout début de matinée pour éviter la cohue. L'avantage de ce zoo est sa localisation au cœur de Manhattan, mais, pour ces mêmes raisons, sa taille est limitée. Pour voir des animaux sauvages dans des espaces ressemblant à leur habitat d'origine, préférez plutôt le zoo du Bronx (p. 127).

Plan p. 90-91 12 D7 ON Y VA ! ☐

830 5th Ave • M 5 Av-59 St [N, R, W], 59 St [4, 5, 6] • centralparkzoo.com • 212 439 6500 • lu-ve 10h-17h, sa-di 10h-17h30 (été), tlj 10h-16h30 (hiver) • adulte 14 $, enfant (3-12) 9 $

Balto, ce héros

Dans Central Park, au nord du zoo, allez faire une petite caresse à la statue de Balto, ce chien de traîneau qui est devenu un héros en bravant une tempête de neige en janvier 1925 pour acheminer des sérums antidiphtériques dans des hôpitaux en Alaska.

Voyager dans les airs
avec le Roosevelt Island Tramway

Tous âges Envie d'un peu d'adrénaline ? Alors embarquez à bord de ce téléphérique qui survole l'East River et profitez d'un point de vue original sur la ville et les gratte-ciels.

Histoire de changer des promenades à pied, nous vous invitons à vous balader... à **76 m au-dessus du sol**. Moins cher qu'un tour en hélicoptère, ce téléphérique offre un moyen peu coûteux de voir la ville d'en haut. Le trajet dure 4 min et on reste le nez collé à la vitre.

Construit en 1976 comme solution de transport provisoire pour relier Roosevelt Island et Manhattan, ce tramway aérien a été maintenu en service malgré l'ouverture en 1989 de la ligne F du métro. Il faut dire que c'est plus *fun* comme moyen de transport. La destination finale, Roosevelt Island, est une minuscule bande de terre (3 km de long, 240 m de large) située au milieu de l'East River, qui n'offre pas un intérêt majeur en dehors de son moyen d'accès. Sur place, un petit tour, et zou ! repartez pour une nouvelle escapade dans les airs ! Il y a un départ toutes les 15 min.

Plan p. 90-91 14 E8 ON Y VA !

Tram Plaza, angle 59th St et 2nd Ave • M Lexington Av-59 St [N, R, W, 4, 5, 6] • rioc.ny.gov/302/Tram • 212 756 8739 • di-je 6h-2h (ve-sa 3h30) • adulte 2,75 $, enfant (−1,12 m) gratuit • accès gratuit avec carte MetroCard illimitée

Un téléphérique star de cinéma

On peut apercevoir les cabines blanches et rouges du Roosevelt Island Tramway dans des scènes des films *Leon*, *Spider-Man*, *Dark Water* ou des épisodes de la série *Spin City*.

Faire des bulles
à la Society of Illustrators

À partir de 4 ans **Un musée un peu confidentiel, mais qui va passionner les amateurs de BD, de dessins animés ou encore d'illustrations.**

La Société des illustrateurs est un petit musée qui héberge principalement depuis 1901 les travaux des **illustrateurs américains** les plus célèbres ou les plus prometteurs. Depuis 2013, le **MoCCA**, le Museum of Comic and Cartoon Art, l'a rejoint. On y retrouve par exemple les célèbres couvertures du *New Yorker*, référence en la matière. Mais la partie qui intéressera le plus les enfants est le MoCCA consacré à la BD et au dessin animé. On y présente régulièrement les documents préparatoires à la réalisation de dessins animés, comme ceux de la célèbre **Dreamworks** qui a produit de nombreux succès comme **Madagascar, Shrek, Wallace et Gromit**. Chaque année, au moment des fêtes, sont exposées les illustrations originales des livres pour enfants qui ont marqué l'année.

Au 3e étage se trouve un restaurant avec un joli patio. Au-dessus du bar trône une superbe œuvre de **Norman Rockwell.**

Plan p. 90-91 13 D8 ON Y VA ! ☐

128 E 63rd St (entre Park et Lexington Aves) • M Lexington Av-63 St [F, Q], Lexington Av-59 St [N, R, W], 59 St [4, 5, 6] • societyillustrators.org • 212 838 2560 • ma et je 10h-20h, me et ve 10h-17h, sa 11h-17h • adulte 15 $ (ma 17h-20h gratuit), enfant (–10) gratuit

Voyager dans le temps
au Metropolitan Museum of Art

À partir de 4 ans Le "Met", comme tout le monde l'appelle, se parcourt comme un grand livre d'histoire avec près de 1 million d'œuvres exposées.

JEU DANS LE LIVRET ENFANT
VOIR PAGE 10

C'est l'un des plus grands musées d'art au monde. On peut y parcourir **5 000 ans d'histoire** et traverser toutes les civilisations. Vous y verrez un temple égyptien, des momies, des dieux grecs, un char romain, d'impressionnantes statues assyriennes mi-homme mi-taureau, des chevaliers en armure, des masques mystérieux d'Afrique ou des totems d'Océanie, un jardin japonais, les œuvres de peintres européens ou américains.

Et tant d'autres choses encore ! Il faudrait deux semaines, au moins, pour tout parcourir. Pour faire votre choix dans cette incroyable profusion et pour ne pas vous égarer dans ce véritable labyrinthe de salles, demandez à l'accueil une *family map*.

Avec des enfants, les **antiquités égyptiennes** sont incontournables et ils ne seront pas déçus. Dans ce domaine, la collection du musée est l'une des plus riches au monde hors Égypte.

Le **temple de Dendur** (Dendour, en français), installé dans un grand atrium, est la pièce maîtresse de cette collection. Attardez-vous sur les momies et les sarcophages. Arrêtez-vous et admirez les miniatures en bois montrant avec minutie des scènes et des personnages de la vie

quotidienne en Égypte : grange, boulangerie, bateau, jardin. Ne manquez pas de jeter un œil à l'impressionnant **tombeau sacré de Perneb**, l'intendant du roi.

Les salles consacrées aux **antiquités grecques ou romaines** sont aussi de toute première qualité. Ne manquez pas, par exemple, ce char tiré par deux lions ou, plus incongru, une paire de jambes en train de courir, vestige de la statue d'un soldat gaulois. On croirait presque voir une sculpture d'art contemporain.

Au même niveau, la grande salle dédiée aux **arts de l'Océanie** mérite le détour. Elle abrite toute une collection de masques et de totems plus étonnants les uns que les autres. Mais l'objet le plus impressionnant ressemble à une grande aile d'avion suspendue au milieu de la salle. C'est le plafond en bois d'une salle de cérémonie.

Dans l'American Wing ("l'aile américaine"), au rez-de-chaussée, les **Period Rooms** montrent des reconstitutions d'intérieurs de maisons américaines. Elles ont été installées derrière la façade d'une ancienne banque remontée à l'identique au sein du musée. Toujours dans

Les itinéraires du Met

Le musée propose une dizaine d'itinéraires à thèmes, dont deux dédiés aux familles avec plan du parcours et temps estimé ainsi que des chasses au trésor. Des audioguides (en anglais) pour les enfants sont également disponibles.

l'American Wing, mais à l'étage supérieur, vous découvrirez des œuvres de peintres américains représentant des thèmes classiques comme la nature ou la colonisation de l'Amérique avec les Indiens et les cow-boys. Au détour d'une salle, on se retrouve dans les jardins du château de Versailles avec une impressionnante peinture sur 360° datant de 1818.

La **peinture européenne** est extrêmement bien représentée avec les peintres éminents de chaque époque, de Vermeer ou Brueghel l'ancien à Picasso, en passant par Van Gogh, Gauguin ou Renoir. Citons *La Jeune Fille à la carafe d'eau* de Vermeer, *Les Nymphéas* de Monet ou encore un autoportrait de Van Gogh. Les richesses du Met ne s'arrêtent pas là. Si vous avez encore un peu de temps, allez voir les salles exposant des armures médiévales ou encore celles consacrées aux arts décoratifs, sorte de grand magasin d'antiquaire.

De nombreuses **expositions temporaires** toujours de grande qualité ont lieu tout au long de l'année. Chaque printemps, l'une d'elles est consacrée à la mode et à un grand couturier.

Activités enfants N'hésitez pas à vous munir des livrets d'activités (en anglais) spécifiquement destinés aux enfants ou à vous renseigner au sous-sol sur les activités disponibles pour les plus jeunes. Ou mieux encore, faites le jeu de piste du livret enfant (p. 10).

Notre conseil Du printemps à l'automne, le toit du musée accueille une installation temporaire d'art moderne. C'est l'occasion de profiter de la vue extraordinaire sur Central Park.

Plan p. 90-91 9 D5 ON Y VA ! ☐

1000 5th Ave (angle 81st St ou 82nd St) • M 86 St [4, 5, 6] • metmuseum.org • 212 535 7710 • di-je 10h-17h30 (ve-sa 21h) • adulte 25 $, enfant (– 12) gratuit

Visiter une œuvre d'art
au Guggenheim Museum

À partir de 4 ans **Ce musée attire autant par l'originalité et la beauté de son architecture que par ses collections de peinture moderne et contemporaine.**

Conçue en 1959 par l'architecte **Frank Lloyd Wright**, à la demande du riche collectionneur Solomom R. Guggenheim, la forme originale de ce musée est déjà une œuvre d'art. L'accès se fait par le haut, puis c'est en descendant la rampe circulaire, dominée par une coupole en verre, que les visiteurs découvrent les peintures. Les enfants reconnaîtront-ils cette spirale ? C'est ici que Will Smith poursuit un extraterrestre dans *Men in Black*. Le long de cette rampe, sur les murs arrondis, sont exposés les tableaux des grands maîtres représentatifs des mouvements avant-gardistes : **Chagall, Miró, Picasso, Kandinsky**... Étant donné sa conception architecturale, sa petite surface et ses murs concaves, **seuls 3 % des 6 000 œuvres** sont exposés.

Activités enfants Vous pouvez emprunter un sac d'activités à l'*Information Desk*. Il contient des jeux, des objets, un livre d'images, un carnet de dessin. Des **Family Activity Guides** apportent des informations sur des œuvres du musée et

suggèrent des activités. Chaque dimanche, des visites guidées sont proposées aux familles. Très pédagogiques, elles permettent aux enfants de comprendre les bases de la peinture moderne. Le tout est dans un anglais accessible.

Plan p. 90-91 8 D4 ON Y VA ! ☐

1071 5th Ave (entre 88th St et 89th St) • M 86 St [4, 5, 6] • guggenheim.org • 212 423 3500 • tlj (sf je) 10h-17h30, (ma et sa 20h) • adulte 25 $, enfant (– 12) gratuit, sa 17h-20h : gratuit

Devenir expert de Manhattan

au Museum of the City of New York

À partir de 4 ans **Ce musée retrace l'histoire de la ville de New York et de ses habitants du XVIIe siècle à nos jours. Un des musts est une exceptionnelle maison de poupée.**

Installé dans une belle demeure de style colonial, ce musée fondé en 1923 s'intéresse au passé, au présent et au futur de Big Apple. Moins connu et plus excentré que d'autres musées de Manhattan, il n'en vaut pas moins le détour. L'espace d'exposition étant assez petit, la visite est courte, ce qui est pratique avec des jeunes enfants.

Les collections de ce musée comprennent des peintures, des dessins, des gravures et des photographies de la ville de New York et de ses résidents, ainsi que des objets (notamment une collection de 700 éventails), des livres, des manuscrits rares telles des lettres de Jefferson.

Ne manquez pas l'incroyable **maison de poupée** du musée : *la Stettheimer Dollhouse*, réalisée au début du XXe siècle par une décoratrice de théâtre Carrie Stettheimer. Elle a passé plus de 25 ans à créer les moindres détails de cette maison miniature composée de 12 pièces sur deux étages, haute de 70 cm et large de 1,30 m. Approchez-vous pour mieux découvrir de minuscules tableaux suspendus aux murs. Tous authentiques, ceux-ci ont été réalisés spécialement par de grands artistes tels que le peintre français Marcel Duchamp ou bien l'artiste américain George Bellows.

Un autre must est **Timescapes,** une projection multimédia sur trois écrans qui raconte **l'histoire de New York** depuis les campements des premiers habitants, les Amérindiens, jusqu'à la grande ville multiculturelle qu'elle est devenue aujourd'hui.

Les expos variant tout au long de l'année, nous vous conseillons de consulter le programme en ligne : mcny.org/exhibitions/current. Des exemples de sujets traités sont le marathon de New York, l'histoire de l'activisme social à New York, l'évolution de l'habitat new-yorkais, les caricaturistes ayant traité de sujets sur la ville… Des thèmes variés présentés grâce à des supports différents.

Activités enfants Pour visiter le musée en famille et faire participer vos bambins, demandez à l'entrée les livrets gratuits de chasse au trésor : **Chet the Architect** ou **Activist New York**. Ils sont conçus pour inciter les enfants à observer en répondant à des questions dans un anglais assez simple.

Remonter l'histoire
Les premiers habitants de l'actuelle New York venaient tous d'Amsterdam, mais ils parlaient 18 langues. Ils développèrent la ville avec le commerce. Dès 1820, elle attire de nombreux immigrants et devient la plus grande ville des États-Unis avec ses 123 000 habitants.

Notre conseil Si vous avez un petit creux, rendez-vous au Chalsty's Café (2e étage). Vous pouvez aussi pique-niquer au Conservatory Garden, situé en face.

Plan p. 90-91 7 D2 ON Y VA ! ☐

1220 5th Ave (103rd St) • M 103 St [6], Central Park North-110 St [2, 3] • mcny.org • 212 534 1672 • tlj 10h-18h • adulte 20 $, enfant (– 19) gratuit

Découvrir l'art populaire
à l'American Folk Art Museum

À partir de 4 ans **Ce petit musée présente toute une sélection d'art populaire américain : poteries, tissages, peintures, sculptures. L'entrée est gratuite !**

Les enfants apprécient souvent la simplicité et la sincérité qui émane de ces objets créés par des artistes du dimanche. Les tableaux évoquent aussi bien des moments de la vie quotidienne que des scènes de fêtes, comme ce tableau montrant, dans un style naïf, des travailleurs qui s'amusent le dimanche à Coney Island.

Au milieu du musée trône la grande **maquette d'un gratte-ciel** de 136 étages. Dans l'esprit de son créateur, un immigré italien, il devait préfigurer le *Palace encyclopédique du monde* qui aurait contenu tout le savoir du monde. Le musée programme un concert gratuit tous les vendredis à 17h30.

Plan p. 90-91 1 B7 ONYVA !

2 Lincoln Square (angle Columbus Avenue et 66th St) • M 66 St-Lincoln Ctr [1, 2] • folkartmuseum.org • 212 595 9533 • ma-je, sa 11h30-19h, ve 12h-19h30, di 12h-18h • gratuit

Trembler devant les dinosaures

de l'American Museum of Natural History

Tous âges **Rendu célèbre grâce à la série de films *La Nuit au musée*, ce musée d'Histoire naturelle est certainement le préféré des enfants et des familles.**

Fondé en 1869, ce musée contient une collection de plus de 30 millions d'objets. Inutile de vous dire que vous ne verrez pas tout ! Comme tout musée d'Histoire naturelle qui se respecte, il possède son incontournable **collection de dinosaures.** Mais vous pouvez également y croiser une baleine, des ours empaillés, des fossiles, des météorites et même des papillons vivants.

Un plan est indispensable pour se retrouver dans ces bâtiments labyrinthiques et choisir parmi la cinquantaine d'expositions proposées.

L'une des galeries les plus étonnantes de ce musée est celle consacrée aux **mammifères d'Amérique du Nord** *(North American Mammals)*. On a l'impression d'entrer dans un zoo pour y admirer des bisons, des grizzlis, des pumas ou simplement des loutres dans leur habitat naturel, mais en réalité tout n'est qu'illusion : les **animaux sont empaillés** et les paysages ne sont que des peintures. Le rendu est pourtant impressionnant de vérité et les animaux ne sont pas enfermés dans des cages à tourner en rond.

Dans la section dédiée aux **mammifères d'Afrique**, vous risquez de vous retrouver nez à nez avec un troupeau d'éléphants, une tribu de gorilles ou encore quelques autruches. Et dans le hall de la vie océanique, dans une presque obscurité bleutée, une immense **baleine** semble nager au-dessus de vous !

La nuit au musée

Vous voulez explorer le musée à la lampe de poche, visiter les dinos éclairés de nuit en rouge, fabriquer un totem, voir des animaux vivants (loups, corbeaux, reptiles, etc.) et dormir sous la baleine bleue quand le musée est fermé ? Alors téléchargez le formulaire d'inscription sur amnh.org (rechercher *sleepover*) pour une expérience absolument unique ! 145 $ par personne.

Au dernier étage, vous retrouverez les stars du musée : les dinosaures avec leurs représentants habituels comme le **T-Rex** ou le **stégosaure.** Parmi les fossiles, on trouve un étonnant **tatou géant**, le glyptodon, qui pesait près de 2 tonnes.

Le **fossile d'un nouveau dinosaure** a rejoint le 4e étage du musée. Cet herbivore géant de 37 m de long et pesant 70 tonnes appartiendrait au groupe des titanosaures. Ce type de dinosaures vivait dans les forêts de la Patagonie il y a 95 à 100 millions d'années. C'est l'un des plus grands dinosaures jamais découverts à ce jour ! Dans cet espace restreint, sa taille démesurée est impressionnante.

Une galerie est consacrée à l'**anthropologie** et à l'**évolution de l'espèce humaine**. On y parle par exemple de la fameuse "**Lucy**" qui a bouleversé notre connaissance des origines des êtres humains. De nombreuses activités interactives permettent de mieux comprendre les théories de l'évolution.

Une section présente aussi les modes de vie des peuplades de tous les continents avec de très belles mises en scène. On y trouve une **superbe collection de totems** provenant de la côte nord-ouest américaine.

Après les petites et les grosses bestioles, voici, avec la **galerie de minéralogie**, les minéraux, les pierres précieuses ou semi-précieuses, taillées ou brutes. Les enfants vont pouvoir même en toucher certaines, comme une **énorme géode**.

La **galerie des météorites** vous permet de voir de très près pas moins de **130 morceaux venus de l'espace**, qui ont permis d'apprendre tant de choses sur la formation de notre univers. Vous pourrez même admirer de rares échantillons prélevés sur la **Lune et Mars** !

Oh les beaux bisons !

Animal caractéristique d'Amérique du Nord, le bison mâle pèse entre 800 et 1100 kg. Malgré son poids, il peut courir à 50 km/h. Avant l'arrivée des Européens, 50 à 70 millions de bisons vivaient dans les Grandes Plaines du Midwest. Presque exterminés lors de la conquête de l'Ouest, ils sont maintenant protégés dans des réserves naturelles ou des zoos.

L'aile nord du musée abrite une grande sphère suspendue au milieu d'un hall. Il s'agit du **Rose Center for Earth and Space**, consacré à la planète Terre et... à l'espace.

Toutes les 30 min, un **film** est projeté sur la voûte intérieure de la sphère. grâce au système de projection le plus avancé au monde pour un planétarium. Le film ***Worlds Beyond Earth*** vous emmènera à la découverte des mondes qui partagent notre système solaire et vous expliquera les conditions uniques qui ont permis que la vie se développe sur la Terre.

Activités enfants La **Discovery Room** accueille les enfants de 5 à 12 ans qui peuvent toucher des objets semblables à ceux exposés dans les galeries, examiner des insectes avec un microscope électronique, reconstituer un dinosaure ou dessiner des masques. Pour les horaires, renseignez-vous à l'accueil.

Notre conseil Chaque année, de septembre à mai, le musée héberge quelque **500 papillons** dans le *Butterfly Conservatory*. Cette sublime exposition temporaire implique de prendre un billet *General Admission Plus One.*

Plan p. 90-91 3 B5 ON Y VA !

200 Central Park West (angle W 79th St) • M 81 St-Museum of Natural History [B, C] • amnh.org • 212 769 5100 • tlj 10h-17h45 • Billet General Admission : adulte 23 $, enfant (2-12) 13 $; General Admission Plus One (accès au choix à une expo temp., IMAX, film 3D ou Space Show) : adulte 28 $, enfant (2-12) 16,50 $, General Admission Plus All (billet donnant accès à tout) : adulte 33 $, enfant (2-12) 20 $

Découvrir les secrets de New York

au DiMenna Children's History Museum

À partir de 7 ans **Ce musée, qui permet de découvrir l'histoire des new-yorkais et qui instruit les enfants tout en les amusant, est caché au sous-sol de la New-York Historical Society.**

Cette adresse peu connue explore 300 ans d'histoire à travers les yeux des enfants des siècles passés. Des **kiosques et des panneaux interactifs** présentent la vie d'un vendeur de rues de journaux à la fin du XIXe siècle, ou celle d'une petite fille d'une famille hollandaise aisée vivant à Brooklyn au XVIIIe siècle. Les enfants peuvent se transformer en détective du passé et résoudre des énigmes sur l'histoire de New York, mais il est préférable que vous possédiez un bon niveau d'anglais.

Au rez-de-chaussée et au 1er étage se trouvent des objets et des documents piochés dans une collection de près de **1,6 million de pièces** touchant à l'art, à la littérature ou à l'histoire. Ouvert en 1806, c'est le **plus vieux musée de New York**. Vous pouvez aussi y voir un **film sur écran panoramique**, qui retrace, en l'espace de 8 min, toute l'histoire de New York (en anglais).

Plan p. 90-91 ② B6 ON Y VA ! ☐

170 Central Park West • Ⓜ 81 St [B, C], 79 St [1] • nyhistory.org/childrens-museum • 212 873 3400 • ma-sa 10h-18h (ve 20h), di 11h-17h • adulte 22 $, enfant (5-13) 6 $

Explorer son corps
au Children's Museum of Manhattan

À partir de 1 an **Ce musée s'adresse en priorité aux tout-petits en leur proposant toutes sortes d'activités d'éveil.**

Le terme de musée est un peu prétentieux. C'est en fait plutôt un **espace de jeux** pour enfants jusqu'à 7-8 ans, avec un angle éducatif. Le sous-sol permet aux enfants (tout âge) de découvrir la danse. Au 2e étage, la fameuse Dora et son ami Diego, donnent aux plus petits (2 à 6 ans) des informations sur les animaux. Le 3e étage est conçu pour préparer les enfants de moins de 4 ans à leur entrée à l'école. Enfin, le 4e étage, présente ***EatSleepPlay***, une expérience interactive pour toute la famille, qui invite à changer nos mauvaises habitudes pour un avenir plus sain.

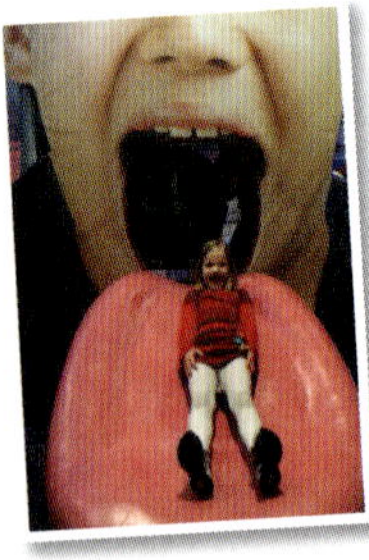

Notre conseil Même si plus éloigné, préférez le Brooklyn Children's Museum (p. 117).

Plan p. 90-91 5 B5 ON Y VA !

212 W 83rd St • M 79 St [1], 86 St [1], 81 St-Museum of Natural History [A, B, C] • cmom.org • 212 721 1223 • ma-di 10h-17h (sa 19h) • adulte et enfant 15 $

Faire un tour au Moyen Âge
aux The Met Cloisters

À partir de 4 ans Ce monastère fortifié a été construit de toutes pièces avec de vrais morceaux de cloîtres importés d'Europe par un passionné d'art médiéval.

Après plusieurs jours passés dans l'agitation de Manhattan, ce vrai-faux monastère est une vision familière et reposante. Les enfants y trouveront leur bonheur en partant à la recherche de toutes sortes d'animaux: des ânes et des vautours, des lions, mais aussi des dragons et même une licorne.

Perché sur l'une des rares collines de Manhattan, au bord de l'Hudson, ce monastère a été reconstitué à partir d'éléments "empruntés" à des monastères et des abbayes de France et d'Espagne. Il héberge une **très belle collection d'art médiéval**, des vitraux, des statues, des objets de culte, de la vaisselle et des tapisseries dont une série de sept panneaux évoquant la chasse à la licorne. Ne manquez pas une pièce étonnante: **Jésus sur un âne à roulettes**.

Notre conseil Avec le même billet, vous pouvez enchaîner le Metropolitan Museum et les Cloisters. Le bus M4 vous emmène de l'un à l'autre.

Plan p. 90-91 6 Hors plan par C1 ON Y VA !

99 Margaret Corbin Drive, Fort Tryon Park • M 190 St, puis B M4 • metmuseum.org • 212 923 3700 • tlj 10h-17h15 (mars-oct), 10h-16h45 (nov-fév) • adulte 25 $, enfant (– 12) gratuit, billet valable 3 jours pour les 3 musées du Met.

BROOKLYN

New York ne se limite pas à Manhattan ! Il n'y a que le Brooklyn Bridge à traverser et vous voilà... à Brooklyn, un *borough* très en vogue. Réputé pour offrir les plus belles vues sur Manhattan, il est également riche en attractions culturelles et ludiques pour les *kids*. Brooklyn Museum, Children's Museum, Brooklyn Bridge Park, Brooklyn Botanic Garden, les plages de Coney Island, ainsi que des boutiques branchées, des restaurants tendance... Voici de quoi passer une bonne journée.

Admirer la skyline
du Brooklyn Bridge Park

Tous âges Longeant un méandre de l'East River, ce superbe parc offre des zones de détente, des œuvres d'art en plein air et des vues époustouflantes sur Manhattan.

Cette zone était un centre industriel important pendant le XIXe et le début du XXe siècle. On y trouvait des embarcadères, des entrepôts et des usines, peu à peu laissés à l'abandon dans les années 1950. À partir de 2010, des travaux l'ont transformé en un **parc de 34 ha** avec en toile de fond une vue imprenable sur les monuments caractéristiques de New York. Le *must* est de venir en fin de journée pour profiter de la **vue magique sur Manhattan** au coucher du soleil.

Le parc est découpé en différentes sections et possède plusieurs *piers* (jetées). Tout le long du Brooklyn Bridge Park, vous trouverez des **activités pour les *kids***: nombreuses aires de jeux, canoë (gratuit entre pier 1 et 2 de juin à août), plage. Les ***playgrounds*** se succèdent mais ne se ressemblent pas. Celui du **Pier 6** est de loin le plus grand et le plus fun... et notre préféré ! Avec ses quatre aires de jeux et sa configuration en **labyrinthe**, il ravira les petits aventuriers par sa multitude d'activités : bacs à sable, toboggans, balançoires, points d'eau...

Au Pier 1, vous allez trouver le **Granite Prospect**. Cet escalier, construit à partir de pierres récupérées lors de la reconstruction du Roosevelt Island Bridge, est devenu un lieu emblématique pour se reposer tout en contemplant la ***skyline***.

Les bambins, quant à eux, vont adorer poser leurs pieds nus dans le sable de la **plage aménagée du Pier 4**. Au bout, se trouve une petite île inaccessible et sauvage, la **Bird Island** ("île aux oiseaux"), dont la diversité végétale favorise la présence des oiseaux.

Différents accès s'offrent à vous : par le métro, en traversant à pied le Brooklyn Bridge (1,8 km mais une très belle promenade !), en prenant le **NYC Ferry** (p. 34) ou un **Water Taxi** (p. 34) (arrêt Dumbo). L'idéal étant de les combiner pour varier les plaisirs.

Notre conseil Téléchargez le plan sur brooklynbridgepark.org. Il vous sera utile pour circuler et connaître les activités temporaires que propose le parc (piscine, exposition...).

Plan p. 114-115 ③ A2 ON Y VA ! ☐

Brooklyn Bridge Park • Ⓜ High St [A, C], York St [F], Clark St [2,3] • NYC Ferry départ de Walt St – Pier 11, billet 2,75 $, enfant (-1,11 m) gratuit • ferry.nyc • brooklynbridgepark.org • tlj 6h-1h (Pier 2 à 20h, Piers 5, 6 à 23h, playgrounds au coucher du soleil)

Nos adresses

- Visites (p. 112)
- Restaurants (p. 195)
- Goûters (p. 198)
- Pique-niques (p. 199)
- Shopping (p. 222)

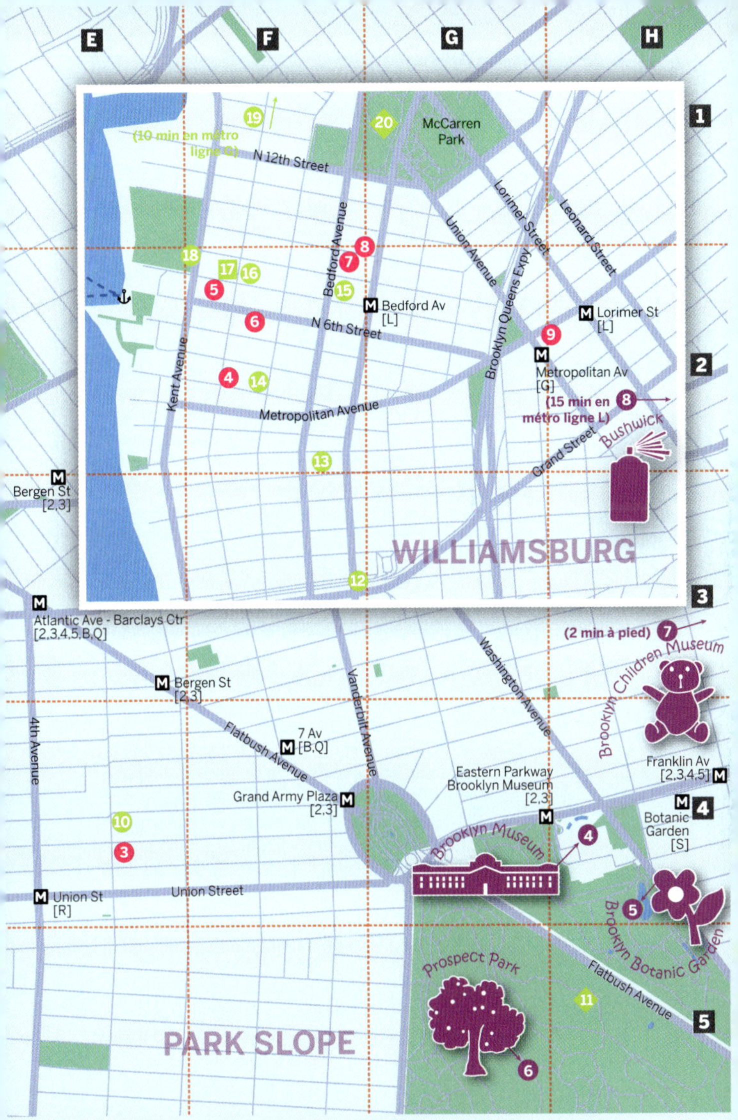

E
F
G
H
1
2
3
4
5
19
(10 min en métro ligne G)
20
McCarren Park
N 12th Street
Lorimer Street
Leonard Street
Union Avenue
Bedford Avenue
Bedford Av [L]
Lorimer St [L]
N 6th Street
Brooklyn Queens Expy
Metropolitan Av [G]
Kent Avenue
Metropolitan Avenue
(15 min en métro ligne L) 8
Bushwick
Grand Street
WILLIAMSBURG
Bergen St [2,3]
Atlantic Ave - Barclays Ctr [2,3,4,5,B,Q]
(2 min à pied) 7
Brooklyn Children Museum
Bergen St [2,3]
Vanderbilt Avenue
Washington Avenue
Flatbush Avenue
7 Av [B,Q]
4th Avenue
Franklin Av [2,3,4,5]
Grand Army Plaza [2,3]
Eastern Parkway Brooklyn Museum [2,3]
Botanic Garden [S]
Brooklyn Museum
Union St [R]
Union Street
Brooklyn Botanic Garden
Prospect Park
Flatbush Avenue
PARK SLOPE

Se balader dans un des plus vieux quartier de New York
à Brooklyn Heights

Tous âges **Cette promenade va vous faire découvrir un charmant quartier historique et vous offrir l'une des plus belles vues sur Manhattan, de jour et surtout de nuit !**

Brooklyn Heights est le **premier quartier de New York** à avoir été classé "historique". Il se compose de rues étroites arborées et bordées de *brownstones*, ces maisons typiques du XIXe siècle. Bien alignées et construites en brique rouge, elles sont de style grec, gothique, néoclassique, fédéral... ce qui donne une allure très romantique au quartier. Aujourd'hui, c'est un endroit très prisé par les familles new-yorkaises pour sa proximité avec Manhattan et ses aménagements très adaptés aux familles.

Mais le *must*... c'est la vue depuis la **Brooklyn Heights Promenade** ! Un petit parc qui se trouve au-dessus de l'autoroute reliant Brooklyn au Queens et qui offre **une vue à couper le souffle**. À l'abri des arbres, installez-vous sur les bancs pour contempler ce panorama unique sur Lower Manhattan, l'East River, le pont de Brooklyn et la statue de la Liberté, au loin du côté gauche. Pendant ce temps les enfants peuvent gambader le long de la promenade ou jouer dans un *playground*.

Notre conseil C'est de ce lieu surélevé que vous prendrez probablement vos plus belles photos de la Skyline, surtout au coucher du soleil. Venez donc plutôt en fin de journée.

Breuckelen
Les Néerlandais sont les premiers Européens à coloniser la région. En 1624, ils achètent des terres aux Mohawks et fondent Breuckelen, qui devient la première municipalité de la Nouvelle-Néerlande. En 1664, les Britanniques en prennent le contrôle et le nom évolue au fil des années, passant de Brockland, à Brocklin, ensuite Brookline, puis Brooklyn.

Plan p. 114-115 ② A3 ON Y VA ! ☐

Accès par Montague St • Ⓜ High St [A,C], Clark St [2,3], Court St [R] • nyharborparks.org/visit/brhe.html • tlj aube-1h • gratuit

Prendre un grand bol d'air
dans Prospect Park

Tous âges **Plus sauvage et moins fréquenté que Central Park, ce parc est idéal pour faire une pause loin du tumulte de la ville. Dépaysement total garanti !**

Ce grand parc (237 ha) offre un côté plus sauvage et moins fréquenté que son "grand frère" Central Park (341 ha). Tous deux ont été conçus par les mêmes architectes paysagistes à la fin du XIXe siècle. Le parc est ponctué de multiples attractions qui s'adaptent aux saisons.

Commençons par l'**Audubon Center** situé dans le très joli bâtiment historique du *boathouse*. Des informations et des kits de découverte de la nature vous y attendent.

Construite au XVIIIe siècle par une famille hollandaise, la **Lefferts Historic House** est une escale éducative pour les enfants avec son jardin, ses expositions historiques et ses objets d'époque. Les petits sont encouragés à jouer avec des jeux traditionnels ou à s'adonner à des activités manuelles : fabrication de bougies, de beurre, couture...

Les bambins seront heureux de pouvoir chevaucher un des majestueux chevaux du **carrousel** ouvert durant la belle saison.

Le **lac de Prospect Park** (*LeFrak Center at Lakeside*) est le plus grand de Brooklyn (10 ha). En fonction des saisons, il offre diverses activités adaptées aux familles : jeux d'eau, patins sur glace, rollers, embarcations à pédales, canoës...

N'hésitez pas à grimper en haut de la **Lookout Hill** (61 m d'altitude) pour avoir une vue imprenable sur Long Island, Brooklyn, Manhattan et le New-Jersey. Vous pourrez aussi vous aventurer dans **The Ravine**, une vraie forêt avec des cascades, ou admirer des cerfs-volants virevolter à **Long Meadow.**

Prospect Park compte aussi de nombreux *playgrounds* dont le **Donald and Barbara Zucker Natural Exploration Area,** qui utilise des troncs d'arbres et autres matériaux endommagés par les tempêtes pour créer un espace de jeux original, déstructuré et naturel pour les *kids*.

Et pour voir des espèces animales de tous les continents, rendez-vous au **Prospect Park Zoo**. Le ticket d'entrée est raisonnable et les enfants pourront observer pandas roux, chèvres, phoques, dingos, castors...

Plan p. 114-115 ❻ G5 **ON Y VA !** ☐

Prospect Park West • Ⓜ Grand Army Plaza [2, 3], Eastearn Parkway/Brooklyn Museum [2, 3], Prospect Park [B, Q, S], Parkside Av [Q], 15 St/Prospect Park [F, G] • prospectpark.org • 718 965 8951 • Audubon Center : je-di 12h-16h • Lefferts Historic House : je-di 12h-16h • Prospect Park Zoo : tlj 10h-17h (sa et di 17h30) : adulte 8 $, enfant (3-12) 5 $ • Carrousel (je-di et jrs fériés 12h-17h) : tour de manège 2,50 $

Pénétrer dans la chambre des momies

du Brooklyn Museum

À partir de 5 ans **Deuxième plus grand musée de New York après le Metropolitan Museum, il possède l'une des plus belles collections d'art égyptien du monde.**

Depuis 1897, le musée a accumulé pas moins de **1,5 million de pièces**, des antiquités égyptiennes à l'art contemporain, sans oublier les œuvres africaines, asiatiques et du monde arabe.

C'est la section des **antiquités égyptiennes** qui recueillera les suffrages du jeune public. Elle est mieux organisée (et moins fréquentée aussi !) que celle de son concurrent, le Met. La partie la plus impressionnante est certainement la **Mummy Chamber** (chambre des momies) qui expose des momies, des sarcophages et des objets funéraires.

L'autre intérêt de ce musée réside dans les **Period Rooms** qui offrent un aperçu passionnant de la vie des Américains au cours des siècles passés. Pas moins de **23 intérieurs de maisons** ont été reconstitués dans les moindres détails afin de permettre de totalement s'immerger dans l'ambiance.

Plan p. 114-115 4 H4 ON Y VA ! ☐

200 Eastern Pkwy • M Eastern Parkway-Brooklyn Museum [2, 3], Franklin Av [4, 5] • brooklynmuseum.org • 718 638 5000 • me-di 11h-18h (je 22h), 1er sa du mois 23h • adulte 16 $, enfant (–19) gratuit

Rodin à Brooklyn

À l'entrée du Brooklyn Museum, sous une grande verrière, les visiteurs français seront étonnés de croiser la maquette des Bourgeois de Calais et une statue de l'écrivain Balzac, réalisées par Rodin.

Jouer au botaniste
au Brooklyn Botanic Garden

Tous âges **La principale mission de ce jardin botanique est de familiariser les enfants avec la nature et les plantes.**

À l'entrée du parc, le **jardin japonais** est absolument superbe avec son étang et son petit pavillon posé sur l'eau, surtout au printemps et à l'automne. Dans le **Steinhardt Conservatory,** ne manquez pas les bonsaïs et surtout les incroyables pierres vivantes *(living stones)*. Sur le chemin du retour, d'autres jardins vous attendent comme le **Herb Garden** ou le **Rock Garden**.

Encore un petit ver ?
Un ver de terre consomme vingt à trente fois son volume de terre chaque jour et contribue à la bonne santé des jardins. En 1881, Charles Darwin écrivait : "Il est permis de douter qu'il y ait beaucoup d'autres animaux qui aient joué dans l'histoire du globe un rôle aussi important que ces créatures d'une organisation si inférieure."

Si vous êtes à New York au printemps, ne manquez sous aucun prétexte **Sakura Matsuri.** Il s'agit du festival japonais des cerisiers en fleurs, qui se déroule de fin mars à mi-mai et dont l'apogée se fait durant un week-end où l'on peut voir des **fans de mangas** habillés comme leurs personnages préférés et assister à des cérémonies et traditions japonaises (thé, taiko, origami, etc.). Ils se promènent sous les allées de cerisiers en fleurs et pique-niquent sur les pelouses adjacentes.

Activités enfants Le **Discovery Garden** invite les enfants à utiliser tous leurs sens : en observant les papillons, en touchant et en sentant les plantes.

Plan p. 114-115 ⑤ H4 ON Y VA ! ☐

990 Washington Ave • Ⓜ Eastern Parkway-Brooklyn Museum [2, 3], Franklyn Av [4, 5] • bbg.org • 718 623 7200 • ma-ve 8h-18h, sa-di 10h-18h (mars-oct), ma-ve 8h-16h30, sa-di 10h-16h30 (nov-fév) • adulte 15 $ (gratuit le ve matin tte l'année et ma-ve entre dec et fév), Sakura Matsuri 30 $, enfant (–12) gratuit

Découvrir la vraie vie
au Brooklyn Children Museum

Tous âges **Ce paradis de l'éveil et de la découverte est un formidable espace de jeux pour les *kids*.**

Spacieux, lumineux, pédagogique, ce musée est conçu pour initier les *kids* à la vie pratique des grands. À vrai dire, c'est plutôt un **immense espace de jeux éducatifs**. Il s'adresse aux enfants âgés de 2 à 10 ans.

Dans le **World Brooklyn,** les bambins peuvent s'amuser à faire leurs courses au supermarché ou jouer les *pizzaïolos*. Ils peuvent aussi découvrir la nature en se mêlant aux tortues et poissons dans un labyrinthe d'aquariums. Un espace est réservé aux plus petits pour s'adonner à des jeux d'eau, transvaser du sable bleu, peindre ou jouer de la musique. Vos lutins apprendront des notions essentielles sur la biologie, la physique ou la culture.

Des ateliers divers sont proposés tout au long de la journée (se renseigner à l'arrivée).

Plan p. 114-115 7 Hors plan (par H3) ON Y VA ! ☐

145 Brooklyn Ave • M Kingston Av [3], Nostrand Av [A, C], Kingston/Throop Ave [C]
brooklynkids.org • 718 735 4400 • ma-ve 10h-17h, (je 18h), sa-di 10h-19h • adulte et enfant 13 $

Aller à la plage
à Coney Island

Tous âges **Aux beaux jours, des milliers de New-Yorkais se pressent à Coney Island pour y faire trempette ou pour les attractions du fameux Luna Park.**

Située à une heure du centre de Manhattan, Coney Island est une presqu'île principalement connue pour **sa plage** et son **Luna Park** (p. 138). Sa réputation date des années 1900, lorsque la climatisation n'existait pas et que les New-Yorkais s'y précipitaient pour passer les chauds week-ends d'été. La climatisation est arrivée et l'attractivité de Coney Island a chuté jusqu'à un quasi-abandon.

Mais de nos jours, c'est une destination à nouveau très prisée dès qu'il commence à faire beau. La baignade est surveillée et la promenade du bord de mer très agréable. Ne manquez pas les **feux d'artifice** chaque vendredi en juillet et août (p. 15).

L'autre attraction est le **New York Aquarium**. Il s'agit du plus ancien des États-Unis. Dans la partie ***Ocean Wonders: Sharks!***, vous serez face à 18 espèces différentes de **requins et de raies**. Ne manquez pas non plus l'**Aquatheater** et son spectacle. Plus d'infos sur nyaquarium.com.

Plan p. 114-115 ❶ Hors plan (par C5) ON Y VA ! ☐
Surf Ave, Coney Island, Brooklyn • M Coney Island-Stillwell Av [D, F, N, Q] • coneyisland.com/tourist-information

Découvrir le street art
à Bushwick

Tous âges **Le street art est né à New York dans les années 70. Murale, mosaïque, graffiti... autant de techniques qui permettent aux artistes de s'exprimer directement sur les murs.**

En 2013, cet ancien quartier industriel, sous l'impulsion du collectif Bushwick, est devenu **la Mecque du graffiti et du street art**. Des artistes du monde entier viennent aujourdhui s'adonner à cette tendance artistique. La technique la plus utilisée est la bombe. Certaines œuvres sont tellement réalistes qu'on croirait des photographies. En vous promenant dans le quartier, vous découvrirez des œuvres d'art sur quasiment tous les murs. Une vraie **galerie d'art à ciel ouvert**. Il n'est pas rare de croiser des artistes en plein travail.

Notre conseil Si vous avez un petit creux, rendez-vous chez Roberta's qui sert parmi les meilleures pizzas de la ville (261 Moore St).

Plan p. 114-115 ❽ Hors plan (par H3) ON Y VA ! ☐
Rues autour de Jefferson et Troutman Streets
M Jefferson St [L]

AU-DELÀ DE NEW YORK CITY

Les autres *boroughs* de New York proposent de belles aventures en famille. Le Queens vous réserve une expérience passionnante en son et images tandis que, dans le Bronx, un zoo et un jardin botanique vous attendent. Les scientifiques en herbe pourront assouvir leur soif de découverte dans le New Jersey, et les fans d'Halloween s'aventureront un peu plus loin dans l'État de New York, sur les bords de l'Hudson.

Réaliser une séquence d'animation

au Museum of the Moving Image

À partir de 5 ans **Le "musée de l'image qui bouge" est l'un des meilleurs musées au monde dans son domaine. Vous ne regretterez pas le déplacement.**

Ce musée expose **1400 objets** (choisis parmi une collection de près de 130 000 pièces) en rapport avec le cinéma, la télévision et les médias numériques. De nombreuses activités interactives permettent de comprendre, par la pratique, comment se fabriquent les images et le son qui les accompagnent.

Tout un niveau est consacré à la présentation des **jouets optiques**, qui ont précédé l'invention du cinéma ainsi que les premiers appareils de cinéma et de télévision. Un petit film, *Boxing Cats*, produit par Thomas Edison, montre deux chats en train de boxer. Dans la section consacrée aux effets spéciaux, vous découvrirez la marionnette utilisée dans le film *L'Exorciste* qui a permis de réaliser les scènes où la tête de la fillette tourne sur 360°.

L'ancêtre du cinéma

En 1826, un médecin anglais invente un drôle d'objet au drôle de nom : un thaumatrope. Sur une rondelle de carton est dessiné un animal et sur son autre face une cage. Deux bouts de ficelle sont fixés de chaque côté. En faisant tourner très vite la rondelle, on a l'impression que l'animal se retrouve en cage. C'est l'un des ancêtres du cinéma.

On passe ensuite aux travaux pratiques. Dans le **Film Laboratory**, vous assisterez à une démonstration de montage d'images vidéo (ve-sa, trois fois par jour). L'animateur explique les différents cadrages possibles et les éléments à insérer avant de visualiser le résultat final. C'est fascinant ! Dans la cabine **Automated Dialogue Replacement**, les parents maîtrisant un minimum l'anglais pourront s'amuser à faire le doublage d'une séquence du film *Babe, le cochon devenu berger*. Les enfants, eux, pourront essayer d'ajouter des bruitages et des effets sonores à une séquence de film ou de dessin animé, ou bien tenter de réaliser une petite animation en photographiant successivement des cartons découpés qu'ils auront déplacés.

La visite continue ensuite avec une exposition consacrée **au maquillage et aux perruques**, suivie d'une autre consacrée à la réalisation des maquettes et des décors. Vous croiserez des personnages en latex ou en plastique, comme ces extraterrestres débarqués ici après avoir joué dans les films *Men in Black*. La visite se termine par une salle avec des machines de jeu d'arcade datant de la "préhistoire" du jeu vidéo.

Notre conseil Le Moving Image Café offre un cadre design très agréable pour un déjeuner rapide ou une pause snack, avec option terrasse en été. Prévoyez au moins 2 h pour profiter de la multitude de choses à découvrir.

36-01 35th Ave, Astoria • M Steinway St [M, R] • movingimage.us • 718 784 0077 • me-ve 10h30-17h (ve 20h), sa-di 10h30-18h • adulte 15 $, enfant (3-17) 9 $ (gratuit ve 16h-20h) ON Y VA ! ☐

Exploration spatiale

Pour lancer des vols habités dans l'espace, la NASA a construit 12 fusées Titan, capables de mettre en orbite les capsules Gemini d'un poids de 3600 kg ! et pouvant accueillir deux astronautes. Le premier vol avec équipage a eu lieu le 8 avril 1964.

Devenir un puits de science

au New York Hall of Science

À partir de 4 ans **Les petits curieux n'auront que l'embarras du choix parmi les 450 expos interactives couvrant tous les domaines de la science.**

Non, la science n'a rien d'ennuyeux. Et ce musée du Queens fait tout pour le prouver. Ici, les enfants ont le droit de toucher à tout, de sauter, de grimper pour tester leur équilibre ou leurs réflexes. Les plus calmes pourront construire des modèles réduits ou programmer des ordinateurs.

Dans la North Wing, l'expo **Search for Life Beyond Earth** permet d'explorer les autres planètes à la recherche d'eau, l'élément essentiel à la vie. On peut conduire un rover sur Mars, faire atterrir une sonde sur Titan ou manipuler le télescope Hubble. Les hyperactifs s'éclateront dans la section **Sports Challenge**. Ils expérimenteront le principe de la gravité sur un petit mur d'escalade. Ils testeront leur équilibre en pratiquant le surf ou mesureront leur vitesse de lancer avec une balle de baseball.

Pour se défouler un peu plus, une aire de jeux extérieure les attend avec de **nombreuses activités** : jeux d'eau avec une machine à vagues, moulins à vent solaires à activer, jeux sonores, pont de bois, toboggan... D'autres expositions entraînent les jeunes visiteurs dans l'exploration des mondes des maths, de la lumière ou des molécules. Des animateurs réalisent, plusieurs fois par jour, des *Daily Demonstrations* de 15 min, avec la participation des visiteurs (programme à l'accueil). Devant le bâtiment trônent des **fusées des années 1960**. À côté, on peut expérimenter les forces de la gravité en jouant au mini-golf.

Activités enfants Au rez-de-chaussée, une aire avec des jeux de construction, un jeu d'agilité et un circuit de petites voitures, est réservée aux enfants de moins de 6 ans accompagnés.

Notre conseil Le Delish Café propose sur place une restauration à base de produits frais et locaux, naturels ou bios.

47-01 111th St, Queens • M 7 111 St [7] • nysci.org • 718 699 0005 • lu-ve 9h30-17h, sa-di 10h-18h • adulte 16 $, enfant (2-17) 13 $ ON Y VA ! ☐

Rencontrer des animaux sauvages
au Bronx Zoo

Tous âges Ce zoo (l'un des plus grands au monde !) vous fera vite oublier que vous êtes à New York en vous permettant d'explorer les plaines d'Afrique, les montagnes de l'Himalaya ou l'Asie sauvage.

C'est l'un des **plus grands zoos du monde** avec plus de 100 ha et près de 4 000 animaux de 650 espèces, du lémurien au tigre des neiges, en passant par les ours, les girafes, les gorilles ou les otaries.

Il est important de savoir que le zoo est ouvert toute l'année mais possède deux saisons : la **saison d'été** (mai-fin oct), durant laquelle vous

pourrez voir l'intégralité de ce que nous allons vous décrire ici, et la **saison d'hiver** (nov-avr), où la majorité des animaux ne sont pas visibles car ils sont à l'intérieur. Seuls le **cinéma 4D** et le **Terrarium** restent ouverts, donc vous ne verrez pas grand-chose mais vous pourrez vous balader dans un parc magnifique.

Dans chaque lieu, des panneaux fournissent des explications sur l'habitat et le mode de vie des animaux. Ils sont parfois accompagnés de QCM pour tester les connaissances des enfants.

Le parcours le plus spectaculaire du zoo est le **Wild Asia Monorail** (mai-oct). Dans un petit train, les voyageurs assis transversalement par rapport au sens de la marche "survolent" des chevaux sauvages de Mongolie, un tigre de Sibérie, un couple d'éléphants (ensemble depuis plus de quarante ans), des antilopes ou un panda roux.

Plus à l'est, vous passerez devant les **African Plains** avec les lions, les girafes, les zèbres ou les gazelles. Un peu plus loin, c'est le territoire des **gorilles** que vous pourrez observer derrière une grande baie vitrée (à moins que ça ne soit l'inverse !). Dans le même secteur, le Dancing Crane Cafe, un fast-food (hélas !) plutôt de mauvaise qualité, permet de se rassasier tout en observant le ballet des flamants roses. Non loin de là, les petites souris vous attendent dans la **Mouse House**, les papillons dans le **Butterfly Garden** (mai-oct) et les serpents au **World of Reptiles**.

Sur votre agenda, notez qu'à 11h et à 15h, à la **Sea Lion Pool**, c'est l'heure du déjeuner des lions de mer qui assurent toujours le spectacle au grand ravissement des petits et, souvent, des grands. À 15h, c'est le repas des oiseaux au **World of Birds**. À 15h30, c'est au tour des pingouins au **Sea Bird Aviary.**

Et ne manquez pas, à proximité, **Madagascar**, le royaume des lémuriens configuré comme une grotte qui accueille aussi des crocodiles, des rats sautants et même (beurk !!!) des cafards géants. Et si tout ce beau monde ne vous a pas suffi, il vous reste encore les ours, toutes sortes d'oiseaux et même le bison des plaines américaines.

Activités enfants Les plus jeunes ont droit à leur propre zoo, le **Children's Zoo**. Ils peuvent approcher aussi bien les petits animaux sauvages que ceux de la ferme. Pour voir ces charmants petits rongeurs que sont les chiens de prairie, un tunnel débouche, sous un dôme en plastique, au milieu de leur pelouse. Le zoo propose également des expériences uniques qui vous permettent d'approcher au plus près les animaux lors de visites privées exclusives. Pour les aventuriers, un parcours d'accrobranche, **Treetop Adventure**, a été installé dans le parc.

Nos conseils Une demi-journée est bien le minimum pour explorer les 100 ha du parc. Les plus accros peuvent y passer la journée. Plusieurs activités du zoo sont payantes, optez donc plutôt pour le billet où tout est inclus : le **Total Experience Ticket**. Il vous évitera de faire de nouveau la queue à chaque attraction payante, ainsi que des négociations renouvelées avec vos bambins. Pour vous rendre au zoo,

Réputation usurpée

Le lion est généralement considéré comme un chasseur sans pitié. Mais, le plus souvent, il s'y reprend à six fois pour attraper sa proie. Et si celle-ci arrive à distancer le roi des animaux sur plus de 90 m, ce dernier abandonne. Néanmoins, quand il arrive à ses fins, il n'hésite pas à engloutir près de 40 kg en un seul repas. Gros mangeur !

le bus express 11 est une option qui peut s'avérer plus rapide et plus directe que le métro (plusieurs arrêts sur Madison Ave).

Plusieurs accès : Bronx Park South (angle Boston Road), Bronx River Parkway (angle Boston Road), Bronx • M East Tremont Av-West Farms Sq [2, 5], B Boston Rd-Pelham Pkwy [11] • bronxzoo.com • 718 220 5100 • lu-ve 10h-17h, sa-di 10h-17h30 (été), tlj 10h-16h30 (hiver) • adulte 23 $, enfant (3-12) 15 $, gratuit le mercredi ON Y VA ! ☐

Se mettre au vert
au New York Botanical Garden

Tous âges Il est facile d'oublier que l'on est dans une mégapole dans cet écrin vert tant les magnifiques jardins paysagers et les plantations occultent vite le béton.

Avec 48 jardins et de multiples collections de plantes répartis sur 97 ha, ce parc botanique situé dans le Bronx est à la hauteur de sa renommée. On peut aussi bien y passer 4 h à jardiner sous la houlette de professionnels qu'emprunter des jeux de plein air. Pour avoir une idée de la forêt qui recouvrait la région avant l'arrivée des colons, une balade dans la **vaste forêt** composée de chênes, de bouleaux blancs et de hêtres américains s'impose.

Pour découvrir les écosystèmes du désert africain ou de la forêt tropicale, rendez-vous sous la **Grande Serre** puis, pour un bain de "zénitude", direction le jardin japonais.

Durant les fêtes de fin d'année, le parc accueille le spectacle **Holiday Train Show** qui ravit petits et grands. De petits trains circulent dans un New York miniaturisé, reconstitué en écorce de pin, glands de chêne et autres mousses, et noyé dans un décor végétal. Magique !

Activités enfants Dans le **jardin d'aventure Everett**, un programme d'activités variant avec les saisons permet aux enfants et adolescents d'explorer, de découvrir et d'observer les sols, les graines, les plantes et leur évolution. Une attitude éco-responsable est prônée en leur montrant comment utiliser des moyens naturels, comme les coccinelles ou les vers de terre, pour lutter contre certaines maladies.

Enfin, divers jeux de plein air sont à votre disposition pour profiter pleinement de cet espace : cerfs-volants, croquet, badminton.

2900 Southern Boulevard, Bronx • M Botanical Garden • nybg.org • 718 817 8700 • ma-di 10h-18h • adulte 23 $ (28 $ le we), enfant (2-12) 10$ (12 $ le we) ON Y VA ! ☐

S'amuser en apprenant
au Liberty Science Center

À partir de 4 ans **Situé dans le New Jersey, ce musée des sciences mérite le détour. Il propose de nombreuses activités parfaitement adaptées au jeune public.**

Les enfants peuvent jouer au géologue, au chirurgien, à l'architecte ou même se prendre pour un singe ou une chauve-souris. L'activité

qui attire le plus de jeunes visiteurs est le **Touch Tunnel**. C'est un labyrinthe, réservé aux plus de 7 ans, où les *kids* se déplacent dans le noir en se guidant uniquement avec le sens du toucher.

Dans la section **Energy Quest**, il s'agit de partir à la conquête des énergies fossiles ou renouvelables. Les petites voitures d'un circuit fonctionnent à l'électricité solaire.

Avec **Skyscraper**, les enfants vont pouvoir bâtir des gratte-ciel avec grue et blocs en plastique, marcher sur des poutres pour tester leur résistance (avec un harnais de sécurité !).

Activités enfants Tout est fait ici pour les enfants. La **zone I Explore** est réservée aux 2-5 ans : construire une voiture en bois, utiliser un canon à balles ou un xylophone en pierre, grimper dans une cage...

222 Jersey City Blvd, Jersey City • M WTC Cortland [1], World Trade Center [E], Cortland St [R,W] puis prendre le PATH jusqu'à la station Exchange Place, pour continuer sur la ligne (Hudson-Bergen Light Rail) jusqu'au Liberty State Park • lsc.org • 2012001000 • ma-ve 9h-16h, sa-di 9h-17h30 • adulte 25$ (avec IMAX ou 3D 31 $), enfant (2-12) 20$ (avec IMAX ou 3D 25 $) ON Y VA ! ☐

Fêter Halloween dans un champ de citrouilles

au Great Jack O'Lantern Blaze

À partir de 4 ans **Venez découvrir une incroyable collection de citrouilles sculptées pour Halloween.**

Cette manifestation, qui a lieu de fin septembre à fin novembre, se déroule au Van **Cortlandt Manor** dans l'État de New York. Ce site historique, qui date du XVIIIe siècle, est situé près de Sleepy Hollow, ville de la célèbre légende du cavalier sans tête, où de nombreuses activités sont aussi proposées pour **Halloween**.

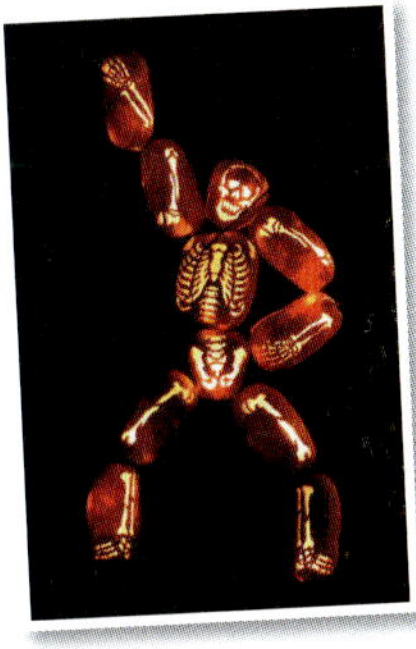

Le billet d'entrée (avec un horaire préétabli) va vous permettre de déambuler, durant 30 à 45 min, au milieu de **5000 citrouilles toutes sculptées à la main**. Les enfants vont adorer ces étonnantes sculptures géantes, constituées chacune de dizaines ou de centaines de courges, dessinant des **scènes à couper le souffle** ; ils pourront ainsi admirer un dragon-serpent géant, une toile d'araignée ou encore un T-Rex grandeur nature.

Notre conseil Pensez à acheter bien à l'avance vos billets en ligne (à partir de début septembre) car l'événement est très prisé.

525 South Riverside, Croton-on-Hudson • Train Metro North Hudson line (1h de trajet depuis Grand Central Terminal), arrêt Croton Harmon, puis 5 min de taxi • hudsonvalley.org/events/blaze • 914 366 6900 • adulte (23 $), enfant (3-17) 17 $, sa (29 $/22 $)

ON Y VA ! ☐

Voir un musical
à Broadway

À partir de 5 ans **Les comédies musicales *(musicals)* sont très nombreuses à Broadway, et de très grande qualité. Alors, si votre budget le permet…**

Même si vous ne comprenez pas l'anglais, la musique, la danse et la mise en scène l'emportent sur les dialogues. Certains spectacles s'adressent plus particulièrement au jeune public comme *The Lion King (Le Roi Lion)*, *Frozen* (la Reine des neiges) ou *Aladdin*. Cependant, faites attention, car pour certains spectacles un âge minimal est requis.

Les tarifs sont assez élevés, comptez 100 $ en moyenne, mais vous pouvez aussi obtenir des billets à tarif réduit, pour le soir même, au kiosque TKTS au croisement de Broadway et de la 47th St, sous les "marches rouges" (M 49 St [N, R, W]). Le kiosque TKTS ouvre du lundi au samedi de 15h à 20h (le dimanche jusqu'à 19h) ainsi que les mercredi, jeudi et samedi de 10h à 14h, le dimanche de 11h à 15h. Un autre kiosque TKTS, souvent moins bondé, se trouve à South Streat Seaport (M Fulton St [A, C, 2, 3, 4, 5]), qui est ouvert du lundi au samedi de 11h à 18h.

Pour maximiser vos chances, présentez-vous au kiosque dès son ouverture. Le site playbill.com et l'appli TodayTix permettent également d'acheter des places à prix réduits, jusqu'à trois mois à l'avance. Les spectacles *Off Broadway*, moins chers, sont tout aussi attrayants. *Stomp* et le *Blue Man Group*, à l'affiche depuis longtemps, plairont aux enfants.

Assister à un radio-crochet

à l'Appolo Theater à Harlem

À partir de 7 ans **Pour prendre la mesure de la vitalité de la scène new-yorkaise, rien de mieux que de se rendre à l'*amateur night* de l'Appollo Theater,**

Cette salle mythique a vu défiler, depuis quelques décennies, les plus célèbres artistes noirs américains. Une fois par semaine, le théâtre permet à des amateurs, au cours de l'*amateur night*, de faire leurs premières armes sur scène. Le public donne de la voix pour décider qui va rester sur scène - ou pas - pour finir son spectacle.

La première version, en 1934, a permis de révéler de nombreux talents ; Billie Holiday, Ella Fitzgerald, les Jackson Five (le groupe d'origine de Michael Jackson), James Brown, Stevie Wonder, Mariah Carey pour n'en citer que quelques-uns, mais la liste est impressionnante. Cela se passe le mercredi soir et l'ambiance est autant dans la salle que sur scène !

Notre conseil Consultez le calendrier car les spectacles et les thèmes sont très variés : *Comedy Club*, spectacles de danse, pièces de théâtre, concerts de jazz... Lors des fêtes de Noël, des spectacles conçus pour les familles sont proposés ; certains sont même gratuits !

3253 W 125th St (entre Adam Clayton Powell Jr Bl et Frederick Douglass Bl) • apollotheater.org/amateur-night 2125315300 • M 125 St [A, C, D], 135 St [2, 8] • me 19h30 • à partir de 20 $ • réservation sur ticketmaster.com

Écouter une messe gospel
dans une église de Harlem

À partir de 6 ans **Le dimanche matin, les paroissiens sortent leurs plus beaux habits et vont rejoindre leur église pour entonner, avec ferveur, prières et chants religieux. Une occasion unique de partager des moments riches en émotions.**

L'agence Harlem Sprirituals organise, chaque dimanche matin, un tour en bus de 4 h avec guide francophone, pour découvrir Harlem et assister ensuite à une messe gospel. Ce tour va vous permettre de comprendre l'histoire des Noirs américains de New York, depuis l'arrivée des premiers Afro-Américains jusqu'à leur épanouissement lors d'une période qualifiée de "Harlem Renaissance", de l'émergence du mouvement des droits civiques, avec l'apparition de figures politiques telles que Marcus Garvey, Adam Clayton Powell Jr ou encore Malcom X, jusqu'à la reconstruction de Harlem. Les révoltes, les espoirs, les années du ghetto et enfin le nouveau visage de Harlem n'auront plus de secret pour vous à la fin de ce tour.

Une fois dans l'église, vous serez regroupés pour ne pas déranger le service. Mais n'ayez crainte, vous serez chaleureusement accueillis par les fidèles qui se feront une joie de partager leurs chants et prières avec vous.

Départ du tour en français à 8h45 au 690 8th Ave, retour à Times Sq • M 42 St-Port Authority Bus Terminal [A, C, E] • harlemspirituals.com • adulte 65 $, enfant (3-11) 49 $, enfant (−3) gratuit mais sur les genoux d'un parent

Le gospel

Le mot gospel vient de *god* (dieu) et *spell* (parole), c'est-à-dire la "parole de Dieu" (l'Évangile). Ces chants religieux sont pratiqués par les Afro-américains lors de la messe, dans des temples méthodistes, baptistes ou pentecôtistes. Vous pouvez assiter à la messe de la Times Square Church, située au 237 W 51th St. Dans cet ancien théâtre transformé en église, plus de 100 personnes chantent lors des offices qui ont lieu chaque dimanche à 10h et à 15h, et le mardi à 19h. Arrivez 10 min en avance et installez-vous au 1er étage pour partir discrètement quand vous le voulez.

Frapper une balle
dans une batting cage

À partir de 5 ans **Le baseball est le sport numéro 1 aux États-Unis. Que diriez-vous de prendre une batte et de voir à quoi ce jeu ressemble de plus près ?**

The Field House at Chelsea Piers est un centre multi-sports où les New-Yorkais viennent pour s'entrainer au golf, au basket, et aussi au baseball, grâce à un distributeur automatique qui envoie des balles dans votre direction. Alors accrochez-vous bien à la batte. Saurez-vous renvoyer les balles ? Pas aussi simple ! Heureusement vous pouvez choisir la vitesse d'envoi mais aussi opter pour des balles en mousse pour les plus petits. Réservation à faire en ligne au moins 24h en avance. Le matériel est inclus dans le prix.

The Field House at Chelsea Piers, 62 Chelsea Piers • M 34 St Hudson Yards [7] • chelseapiers.com/fh/drop-in/batting-cages/ • 212 336 6500 • 55 $ les 30 min, 85 $ l'heure

Parfaire son swing
au mini-golf du Pier 25

À partir de 5 ans **Pour partager un bon moment en famille, rien de tel qu'une partie de mini-golf. Qui compte les points ?**

À partir d'avril et jusqu'à la fin des beaux jours, un parcours de 18 trous avec cascade, grottes, ponts et en prime une superbe vue sur le World Trade Center, vous attend sur le Pier 25 dans

l'Hudson River Park. Une activité parfaite après le jeu de piste **Sur les bords de l'Hudson** (p. 153) qui se termine justement dans ce parc. On trouve aussi un *playground* sur ce même *pier*.

The Pier 25 at Hudson River Park • M Canal St [A, C, E], Franklin St [1, 2] • pier25.com/mini-golf • 212 766 1104 • tlj (à partir d'avril) 12h-18h (22h quand le temps le permet) • adulte 5 $, enfants (-13 ans) 4 $, pas de réservation nécessaire

Faire des loopings

au Luna Park de Coney island

Tous âges **Coney Island c'est la plage de New York mais c'est aussi le royaume de la fête foraine pour petits et grands.**

C'est à Coney Island que le tout premier parc d'attractions a vu le jour en 1895. Aujourd'hui encore plus de **50 attractions** sont ouvertes d'avril à fin octobre. La plupart appartiennent au Luna Park et sont adaptées à toute la famille, comme la grande roue **Deno's Wonder Wheel**. Pour les amateurs de sensations fortes, montez dans l'incontournable **Cyclone**, montagnes russes stars de nombreux vidéo clips aux côtés de Beyoncé ou Mariah Carey. Vos ados vont-ils oser se mesurer au **Thunderbolt** et ses 4 loopings ? Une vraie partie de plaisir en famille !

1201 Riegelmann Boardwalk, Brooklyn • horaires et jours d'ouverture variables selon la saison (voir site) • M Coney Island Stillwell Av [D,F,Q,N] • lunaparknyc.com • 718 373 5862 • De 3 à 10 $ par attraction, pass journée adulte 41 à 69$, enfant (- 1m20) 29 à 42 $

Visiter le monde de Lego
à Legoland

Tous âges **Découvrez le plus grand parc d'attractions dédié au plus célèbre jeu de construction au monde.**

Situé à environ 1h de New York, le parc Legoland (ouverture prévue été 2020) avec ses **50 attractions interactives et spectacles** va vous transporter dans un monde fait de millions de briques en plastique. Ne manquez pas Miniland, une reconstitution de **10 monuments et villes des États-Unis** entièrement réalisée en briques Lego (22 231 368 pour être plus précis).

Goshen, Orange County, New York • M 42 St/Port Authority Bus Terminal [A,C,E] puis bus avec Coach USA • horaires et jours d'ouverture variables selon saison (voir site) • 212 336 6500 • legoland.com/new-york • adulte 80 $, enfant (3-12 ans) 70 $, réductions en ligne

Vivre la magie de Noël
au Radio City Music hall

À partir de 5 ans **Le spectacle à ne pas râter si vous êtes à New York durant les fêtes de fin d'année.**

Le spectacle des Rockettes est une vraie institution depuis 1925. Ce show, rodé à la perfection, va mettre des paillettes dans les yeux de vos enfants. 36 danseuses se partagent la scène, avec d'autres personnages comme Santa Claus, le Père Noël américain.

1260 6th Ave • M 47-50 Sts Rockefeller Ctr [B,D,F,M] • rockettes.com • 866 858 0007 • Nombreuses représentations de fin nov à début jan • à partir de 49 $

Voir jouer les Knicks
au Madison Square Garden

À partir de 8 ans **Le Madison Square Garden est un haut lieu du basket-ball. Assister à un match procure de fortes émotions.**

Avouons que l'apparition de quelques noms de "grands" joueurs français en NBA, comme Toni Parker ou Joachim Noah, a prouvé que dribbler ou faire des paniers n'était pas réservé aux seuls Américains. Voir jouer les Knicks au légendaire Madison Square Garden va donc ravir les admirateurs de ce sport assez spectaculaire. Un vrai show grâce à la présence des *pom-pom girls* et les cris des fans ! Vous pouvez acheter vos places sur ticketmaster.com. Comptez 150 $ environ la place et réservez très en avance.

4 Pennsylvania Plaza • M 34 St-Penn Station [E,3]

Voir un match de baseball
au Yankee Stadium

À partir de 8 ans **Un match de baseball au Yankee Stadium est une opportunité à ne pas rater pour les fans de ce sport.**

La baseball fait partie intégrante de la culture américaine. Assister à un match au mythique

Yankee Stadium où l'équipe des Yankees, l'une des équipes de baseball les plus connues au monde, joue est une chance. Bien que situé dans le Bronx, il facile d'accès en métro. C'est aussi l'occasion de manger un vrai *footlong hot dog* (un maxi hot dog !). Achetez votre billet sur ticketmaster.com. Comptez en moyenne 50 $.

1 E 161st St, Bronx • M 161 St-Yankee Stadium [A, D]

Faire des glissades
sur un ice rink

À partir de 5 ans L'hiver, pour profiter de New York enveloppé de son beau manteau de neige, deux activités ont les faveurs des familles : le patinage sur glace et la luge. Prêt à essayer ?

Côté sports de glace, New York en a sous le patin ! Voici nos patinoires préférées (*ice rinks* comme on dit ici) pour voir votre progéniture se tranformer en une bande de joyeux pingouins. Allez, on se couvre bien et on est prudent !

The Rink, Rockefeller Center

Sans conteste, la plus emblématique des patinoires de New York, avec en prime un immense sapin en décembre.

5th Ave (entre 49th St et 50th St) • tlj 8h30-0h • session de 1 h30 • M 47 St-50 St-Rockefeller Ctr [B, D, F, M] • therinkatrockcenter.com • adulte de 28 à 33 $ (selon la période), enfant (– 11) 15 $ • location de patins : 13 $, leçons de patinage tlj de 9h-18h • 50 $ pour 30 min de cours et 1h de patinage seul

Wollman Rink à Central Park

Cette patinoire est nichée au cœur de Central Park, offrant une vue imprenable sur les buildings alentour.

Accès par la partie sud-est de Central Park, côté 5thAve • M 57 St-7 Av [N, Q, R, W], 57 St [F] • wollmanskatingrink.com • tlj 10h-22h (lu-ma 14h30, ve-sa 23h, di 21h) • adulte 12 $, ve-di 19 $, enfant (–11) 6 $, location de patins 10 $ en espèces, consignes 5 $ (plus 6 $ de caution)

Bryant Park Rink

Cette patinoire va vous permettre de virevolter au milieu des gratte-ciels!

Entre W 40th et W 42nd St et 5th et 6th Ave • tlj 8h-22h • M 42 St Bryant Pk [B, D, F, M], 5 Av [7] 5 Av [M] • bryantpark.org • tlj 8h-22h • location de patins : 18 à 33 $ (selon la période), consigne gratuite, cadenas : 12 $, vestiaires pour sacs : 12 $ (selon la taille), réservation en ligne

Faire de la luge

Chaque lendemain d'une belle chute de neige, les parcs de New York se couvrent d'une multitude de luges colorées.

Les luges s'achètent entre 10 et 20 $ dans les drugstores. Nos deux sites préférés sont **Central Park** (côté est, à hauteur de la E 72nd St, E 79th St, E 86th St ou côté ouest, à hauteur de la W 100th St) et **Riverside Park** (à la hauteur de W 91st St). Vous reconnaîtrez aisément les zones appropriées, car les arbres et poteaux sont protégés avec des bottes de paille. En cas de grosses chutes de neige, ne vous aventurez pas sur les lacs gelés.

Les plus beaux manèges

Vous sentez vos loustics un peu fatigués ? Un petit tour de manège et c'est reparti ! Voici notre sélection des plus beaux carrousels new-yorkais.

SeaGlass Carousel
Dans Battery Park
Les chevaux ont été remplacés par 30 gigantesques poissons faits de fibre de verre illuminés de lumières LED. Absolument féerique !
Entre State St et Water St • Ⓜ South Ferry [1], Whitehall St [R, W], Bowling Green [4, 5] • tlj 10h; entre 18h et 22h selon la saison, fermé la semaine en hiver • tour : 5 $

Carousel at Pier 62
Dans l'Hudson River Park
Chevauchez un ours, une licorne, un loup... tout en admirant les bords de l'Hudson. Ça donne envie de retomber en enfance !
22nd St • Ⓜ 23rd St [C, E] • tlj 11h-19h (20h l'été), sa-di 11h-20h30 • tour : 3,50 $

Le Carrousel
Dans Bryant Park
Petit moment de nostalgie avec ce manège qui rend hommage à la France. Les 14 chevaux s'animent au son de chansons françaises.
Entre 42nd et 43rd St sur 6th Ave • Ⓜ 42nd Street/Bryant Park [B, D, M], 5th Ave [7] • tlj 11h-18h /21h selon la saison • tour : 3 $

Central Park Carousel
Dans Central Park
Un des plus grands carrousels des États-Unis avec 57 chevaux qui amusent les enfants depuis 1871.
65th St • Ⓜ Lexington Ave/53rd St [F], 5th Ave/59th St [N, Q, R], 59th St/Columbus Circle [A, B, C, D, 1] • tlj 10h-18h (avr-oct, en fonction du climat) • tour : 3 $

Jane's Carousel
Dans le Brooklyn Bridge Park
Situé au bord de l'eau et enveloppé dans un écrin de verre, ce manège à l'ancienne, créé par Jean Nouvel, fait tourner la tête des petits et des grands (les adultes peuvent aussi monter à bord; oh ouiiii)).
Accès par Dock St ou Main St • Ⓜ High St [A, C] • tlj (sf ma) 11h-19h (15 mai-17 sept), je-di 11h-18h (18 sept-14 mai) • tour : 2 $

Balade dans West Village

Cet itinéraire vous fera découvrir un visage inattendu de Manhattan. Greenwich Village, et plus particulièrement le quartier situé à l'ouest de Broadway, vous livrera le charme de ses petites rues étroites pas toujours rectilignes, de ses anciennes demeures, de ses jardins et de ses parcs.

durée : environ 3 h
(hors pauses shopping ou repas)
réponses p. 241

Subway

Le jeu commence à la station de métro **Broadway-Lafayette,** au croisement de Broadway et W Houston St.

Broadway est la plus ancienne voie de circulation de Manhattan. Les Indiens l'avaient surnommée "Wickquasgeck" (hum, pas facile à prononcer !). Elle serpentait alors à travers marais et rochers. À leur arrivée, les Hollandais l'ont transformée en l'artère principale de circulation de la Nouvelle-Amsterdam.

Traversez Broadway sans oublier de regarder la skyline tout au fond afin d'apercevoir le Chrysler Building. **Prenez Houston St** vers l'ouest. Vous allez croiser d'abord Mercer St. Puis en passant Greene St et Wooster St, **regardez sur votre gauche,** l'étrange gratte ciel tout au fond de la rue qui donne l'impression d'une série de boîtes empilées.

Question 1

De quel jeu s'est inspiré l'architecte ?
J______________

La tour du 56 Leonard St est un gratte-ciel de 250 m de haut qui a été construit en 2016. Ses créateurs ont voulu dessiner un building qui donne l'impression d'être déconstruit au plus il s'approche du ciel. À son sommet se trouve un bassin de 130 000 litres d'eau pour éviter que la tour ne bouge avec le vent.

Tournez à droite sur Wooster St. Cette rue passe entre deux immeubles. Au milieu des édifices, vous allez pouvoir observer une sculpture monumentale en béton réalisée par un célèbre artiste espagnol.

Question 2

Qui a sculpté cette œuvre ?
Pablo P____________________

Cette sculpture de béton de 9 m de haut pèse 67 tonnes et représente le portrait de Sylvette. Elle a été commandée en 1967 par la New York University. Il s'agit d'un agrandissement géant d'une sculpture que l'artiste a réalisée en 1934.

Dépassez Sylvette et **prenez à gauche** sur Bleecker St. À l'angle de Laguardia Place se trouve un petit jardin malheureusement menacé par des promoteurs immobiliers. **Tournez** ensuite à droite dans Thompson St puis **remontez** la rue jusqu'au Washington Square Park. Aménagé en 1826 sur l'emplacement d'un cimetière, sa longueur équivaut à quatre blocs et sa largeur à deux blocs.

Question 3

Quelle est sa surface en nombre de blocs ?

____

En 1889, une arche en bois fut construite pour célébrer le centenaire de l'investiture du premier président des États-Unis : Georges Washington. Elle fut plus tard reconstruite en marbre blanc. Chaque année, les étudiants de l'université voisine, New York University, fêtent l'obtention de leur diplôme en défilant dessous.

Avancez dans le parc afin de vous placer entre la fontaine et l'arche. Vous pourrez admirer une jolie vue sur l'Empire State Building et sur la 5ème avenue qui débute ici. Rendez-vous au coin sud-ouest du parc où des tables sont consacrées à un jeu stratégique.

Question 4

Quel est le nom de ce jeu?
Les ____________________

Ce jeu, réputé pour sa difficulté, se joue sur des tables installées à demeure et couvertes d'un plateau à damier. Des joueurs s'affrontent et proposent aux passants, pour quelques dollars, de faire une partie contre eux.

Quittez Washington Square Park par l'entrée par laquelle vous êtes arrivés. **Prenez à droite** puis tournez à gauche sur Mac Dougal St. Au passage, admirez la vue sur la tour du **One World Trade Center** qui remplace les Twin Towers. C'est, à ce jour, la plus haute tour du continent américain.

Question 5

Que signifie *twin* ?

____

Aux États-Unis, il y a plus de 20 gratte-ciels de plus de 300 m de haut. En tête, se trouve la One World Trade Center avec 541 m. Ensuite viennent la Central Park Tower à New York avec 472 m, la Willis Tower à Chicago avec 442 m, et la Steinway Tower près de Central Park avec 435 m. Il s'agit du building le plus fin du monde. Cette tour fait partie d'une nouvelle génération de tours new-yorkaises dites super-minces.

Tournez à droite dans W 3rd St et cherchez le **Blue Note**, un célèbre club de jazz. Un élément architectural, empruntant la forme d'un instrument de musique, permet aux clients de s'abriter de la pluie en attendant d'entrer dans le club.

Quel est cet instrument ?

____

Dans ce club, ouvert depuis 1981, se sont produits de grands musiciens de jazz comme Charlie Mingus, John Coltrane, Miles Davis... Le jazz, symbole de la musique américaine, puise ses racines dans le blues et le ragtime des communautés afro-américaines du sud des États-Unis.

Continuez quelques mètres jusqu'à la 6th Ave que vous prenez à gauche, puis **engagez-vous** dans Minetta Lane pour **ressortir** par Minetta St qui fait un coude. Cette ruelle suit le tracé de la rivière Minetta, qui signifie "eau du diable" pour les indiens.

JEU DE PISTE N° 1

Au croisement avec Bleecker St, **regardez** les deux étranges créatures en mosaïques au dessus de l'entrée du bâtiment qui fait l'angle.

Question 7

Comment s'appellent ces envahisseurs de l'espace ?

S________________ I____________________

Le vrai nom de cet artiste de rue et mosaïste français est Franck Slam. Il a décoré les murs de plus de 70 grandes villes à travers le monde avec ses personnages tirés d'un jeu vidéo. Il y a en même un dans la Station Spatiale Internationale.

Au bout de Minetta St se trouve la 6th Ave. **Traversez-la** et entrez dans le **Winston Churchill Square** qui longe **Downing St**. Sur l'un des murs qui le bordent, on voit une ancienne publicité peinte pour un commerce.

Question 8

Quel est ce magasin ?

____

Ce type de publicité existe encore et sert à promouvoir la sortie d'un film ou d'un jeu vidéo, par exemple. Elles sont peintes à la main par des ouvriers installés à bord d'une nacelle qui descend le long du mur depuis le toit.

Ressortez du square sur Bleecker St et **prenez à gauche** pour passer devant le Father Demo Square jusqu'au croisement avec Carmine St. **Passez** l'église *Our Lady of Pompeii* construite par la communauté italienne. **Continuez** sur

Bleecker St jusqu'à la 7th Ave. Traversez-la et **prenez à gauche** sur quelques mètres. Là se trouve la boutique d'un artisan dont on devine la profession grâce aux objets qui recouvrent la devanture de son magasin.

Question 9

Quelle est la profession de cet artisan ?
C'est un ____________________

À cause du prix très élevé des loyers et des impératifs de leur vie professionnelle, les New-Yorkais déménagent souvent. Ceci explique le grand nombre de *locksmiths*.

Sur la 7th Ave, **revenez** sur vos pas de quelques mètres et **prenez** Commerce Street sur la gauche. Au croisement avec Bedford St, **allez** à droite jusqu'au 75 Bedford St. Cette demeure possède une particularité.

Question 10

À New York, elle détient le record de la maison la plus :
Basse **Haute** **Étroite**
(Entourez la bonne réponse.)

Les façades des *townhouses*, constructions typiques de Manhattan, sont en brique et mesurent dans les 5 m. Cette maison a été occupée, entre autres, par Cary Grant.

Remontez Bedford St jusqu'au croisement avec Grove St. L'une des quatre maisons, à l'angle de ce carrefour, est construite dans un matériau très utilisé dans le pays. Elle est aujourd'hui l'un des seuls exemples qui restent à New York.

Question 11

En quoi est construite cette maison ?
En ______

Beaucoup de bâtiments de New York sont en brique, matériau privilégié pour son apparence, sa résistance au feu et sa facilité à être transporté. Les matériaux étaient acheminés par bateaux sur l'Hudson, le long duquel se trouvaient les usines de briques.

Prenez à gauche. Jetez un coup d'œil sur Grove Court. Habituellement, les jardins sont situés à l'arrière des immeubles. Ici, au contraire, c'est le jardin qui donne sur la rue et les habitations sont en retrait. **Continuez** sur Grove Street, tournez à droite sur Hudson St puis, encore à droite, **remontez** Christopher St sur 3 blocs jusqu'à un petit square dans lequel se trouve un groupe de statues toutes blanches.

Question 12

Quel est l'auteur de ces sculptures ?

______ ________

Elles ont été érigées en 1992 pour commémorer les émeutes de 1969 entre les gays et la police. Ces événements sont, pour beaucoup, considérés comme le début du mouvement de libération des homosexuels. Depuis 2016, le Stonewall National Monument leur est dédié.
Ce parc en fait partie.

Dans ce quartier, vous pouvez remarquer de nombreux drapeaux multicolores qui ne sont pas ceux des États-Unis, mais qui représentent le symbole international de cette communauté.

Question 13

Comment appelle-t-on cet ensemble de couleurs ?
Un _____ -en- _______

Le drapeau américain appelé *Stars and Stripes* est constitué de 13 rayures rouges et blanches, représentant les États fondateurs, et de 50 étoiles sur fond bleu, chacune symbolisant les États constituant les États-Unis. La 50e étoile a été ajoutée en 1959 après l'intégration d'Hawaï.

En **longeant** le parc, vous allez voir à travers les grilles la statue d'un militaire célèbre qui s'est illustré lors de la guerre de Sécession.

Question 14

Quel est le nom de ce militaire ?
Le général Philip S____________

Les États sudistes ont fait sécession avec le reste du pays lors de l'élection d'Abraham Lincoln car ce dernier voulait faire abolir l'esclavage. Les Sudistes, adversaires de ce projet, et les Nordistes (les Yankees), partisans de l'abolition, se sont affrontés lors de la guerre de Sécession qui a duré de 1861 à 1865. Cette guerre civile a fait de nombreuses victimes des deux côtés : 359 000 morts chez les Nordistes et 258 000 chez les Sudistes.

Continuez sur Christopher Street pour retrouver la 6th Ave. **Tournez à gauche** et poursuivez jusqu'au n° 425 de la 6th Ave. Vous pouvez entrer dans ce bâtiment tous les jours, sauf le dimanche.

Question 15

Quel est le nom de cet édifice ?
J______ M______ Public Library

Cet immeuble a abrité un tribunal, une prison, une école de police. Il était tombé dans une telle décrépitude qu'il a failli être détruit vers 1960. Grâce à l'action des riverains, en 1967, la ville en a fait ce qu'il est toujours aujourd'hui : une bibliothèque municipale.

Notre jeu se termine devant cette bibliothèque, un lieu très fréquenté par les rats… de bibliothèque !

Arrivée

Sur les bords de l'Hudson

Nous vous entraînons à la pointe sud de Manhattan, un endroit chargé d'histoire et un lieu de détente apprécié de tous, New-Yorkais comme touristes. Jardins, sculptures, marina, monuments, points de vue, vous n'en finirez pas d'aller de découverte en découverte.

Départ

durée : environ 3 h
(hors pauses shopping ou repas)
réponses p. 241

Point de départ : la station de métro South Ferry (lignes 1, R, W) au sud-est de Battery Park, à côté de l'embarcadère du Staten Island Ferry.

Question 1

Quelle est la couleur des bateaux de la compagnie Ferry Staten Island ?

____

Le ferry fait la navette entre Staten Island et Manhattan en longeant la statue de la Liberté. Le trajet gratuit dure 20 min. Chaque jour, 65 000 passagers, pour la plupart des banlieusards, font l'aller-retour domicile-travail. Le *must* est de le prendre au soleil couchant pour voir s'embraser les façades des buildings de Manhattan.

Remontez légèrement au nord pour trouver, de l'autre côté de State St, une petite église. Elle porte le nom d'une sainte.

Question 2

Quel est son nom ?
E_____ A_____ S_______

Née aux États-Unis en 1774, elle a été la première américaine canonisée. Elle a créé la première école catholique du pays et a fondé la première congrégation des Sœurs de la charité. Que de premières pour cette sainte !

Dirigez-vous à la gauche de l'église. Vous ne pouvez manquer une sculpture rouge vif qui trône devant un building. Pause photo indispensable !

Question 3

Quel est le nom de l'artiste ?

____

Grand nom du graffiti et du *street art*, il a débuté en dessinant à la craie blanche, sur les panneaux publicitaires laissés libres entre deux campagnes d'affichage de pub, dans le métro et dans la rue. Devenu rapidement célèbre, cet artiste incarne le dynamisme du milieu artistique new-yorkais des années 1980.

Traversez la rue pour rejoindre la rive de l'Hudson. **Passez devant** le SeaGlass Carousel où les chevaux de bois ont été remplacés par des créatures marines, en hommage au tout premier aquarium de New York ouvert en 1896 dans le petit fort que vous allez rejoindre en longeant le quai. **Arrêtez-vous** en chemin devant le **East Coast Memorial** avec ses grands blocs de béton.

Question 4

Quel animal se dresse au milieu du monument ?

Un ____________________

Ce monument a été érigé en hommage aux américains disparus dans l'Atlantique lors de la seconde guerre mondiale. Le 6 juin 1944, plus de 55 000 soldats américains débarquent sur les plages de Normandie. Leur but : libérer la France.

Rejoignez le **Fort Clinton** en vous arrêtant pour contempler la statue de la Liberté, sûrement la statue la plus célèbre du monde.

Question 5

Quel est son nom en anglais ?
Statue of ________________

Elle a été conçue par le sculpteur Jean-Charles Bartholdi et sa structure métallique a été réalisée par Gustave Eiffel. La France l'a offerte aux États-Unis en 1886. Son nom, à l'origine, est *La Liberté éclairant le monde.*

Sur la gauche du fort se trouve une sculpture qui représente un groupe de personnes dans des attitudes différentes.

Question 6

Quel est le nom de cette sculpture ?

____

Créée en 1973 par Luis Sanguino, elle est dédiée à "tous ceux qui sont entrés en Amérique et pour qui l'arrivée ici représentait la fin d'un long voyage et l'espoir d'une vie meilleure, pour ceux qui fuyaient famine, misère, guerre, persécutions...".

Passez devant le fort et prenez, en face, le chemin de graviers blancs. Vous arrivez au dos d'une statue dédiée au premier explorateur européen qui a découvert la baie de New York.

Question 7

Comment s'appelle ce grand navigateur ?
G____________ da V____________

Une inscription au dos de la statue indique qu'en avril 1524, cet italien mena la caravelle, La Dauphine, à la découverte du port de New York, et nomma l'île de Manhattan Angoulême en l'honneur de François 1er, roi de France. Elle portera ce nom pendant 100 ans avant de devenir New Amsterdam puis enfin New York.

Sortez du parc et longez Battery Pl vers la gauche pour trouver deux instruments de musique en bronze posés sur le sol.

Question 8

Quels sont ces instruments ?

____________ ____________

Ces sculptures géantes en bronze sont l'œuvre du britannique Tony Cragg. Il utilise des objets de la vie quotidienne comme matériau de base, qu'ils soient neufs ou récupérés.

Allez faire un tour au-dessus de l'arche pour admirer la vue sur la **statue de la Liberté** et Ellis Island. **Allez** sur la rive directement depuis là où vous êtes. Vous allez voir une étrange sculpture avec de gros yeux qui regardent vers le large.

Question 9

Quelle artiste française a réalisé cette œuvre ?

L____________ B__________________

Née en 1911 à Paris, elle a adopté la nationalité américaine et a vécu à New York. Elle est morte à l'âge de 98 ans. Cette plasticienne est notamment connue pour ses sculptures géantes d'araignées.

Marchez 5 à 10 min le long du quai jusqu'à un petit parc situé au bord de l'eau, **South Cove Park**. **Montez** sur la structure en métal à l'arrière. De là, vous pourrez lire l'heure sur une grosse horloge installée sur l'autre rive de l'**Hudson** (dans le New Jersey) par une marque très connue.

Question 10

Quelle est cette marque ?

____

Le nom de New Jersey provient de l'île anglo-normande de Jersey. Il a été donné en l'honneur de Sir George Carteret, natif de Jersey, qui est l'un des deux hommes à qui la terre a été donnée. Les taxes et loyers sont moins élevés qu'à Manhattan, de nombreuses entreprises y sont donc installées.

Poursuivez vers le nord le long de l'**Hudson**. La promenade passe devant une installation artistique composée de colonnes faisant penser à un temple ou des ruines archéologiques.

Question 11

Quel nom porte cette esplanade ?

The U______ R________

Continuez de longer le quai. Juste avant de rejoindre une marina plus grande, North Cove, vous allez trouver à droite, en haut de quelques marches, un petit parc à l'extrémité duquel vous découvrirez un morceau de mur, sur lequel est peint un drôle d'animal à grosses lèvres.

Question 12

D'où vient ce morceau de mur décoré ?
Du mur de ________

New York est une ville cosmopolite, des habitants originaires de nombreux pays y cohabitent. À chaque fois qu'un événement important a lieu dans le monde, on en retrouve un témoignage dans New York. Ce morceau n'est pas le seul présent dans la ville. Vous pouvez en voir aussi un au siège de l'ONU.

Rejoignez la marina et cherchez sur les quais les balustrades sur lesquelles sont incrustées des phrases, comme *City of the world, for all races are here* ("Ville du monde, car toutes les races sont ici").

Question 13

Qui en est l'auteur ?
W ______________ W ______________

Poète et humaniste, il a vécu au XIXe siècle. Ce vers est extrait de l'un de ses poèmes *City of Ships* ("la ville des bateaux").

Au nord de cette esplanade, sur votre droite, un immense dôme de verre et d'acier abrite un jardin d'hiver composé de plantes et d'arbres, dont 16 palmiers géants.

Derrière cette serre, un gratte-ciel surplombe le quartier. C'est le **One World Trade Center**. À son sommet se trouve un observatoire d'où l'on a une vue superbe sur la ville.

Question 14

Il s'agit du ______ _________ Observatory
(Indice : la réponse se trouve p. 53)

La tour One World Trade Center a été érigée à la place des fameuses Twin Towers détruites lors des attentats du 11 septembre 2001. Sa hauteur est de 541 m ou 1776 pieds, en référence à l'année de la déclaration d'indépendance des États-Unis.

Continuez sur le quai, après la marina, jusqu'à un mémorial situé sur votre droite. Il rend hommage à la Grande Famine qui a sévi dans un pays européen, entre 1845 et 1852. Cette famine a tué un million de personnes et poussé un autre million à émigrer aux USA.

Question 15

De quel pays s'agit-il ?

____

Sa communauté est l'une des plus importantes de New York et des États-Unis. Elle est estimée à environ 40 millions de personnes. Tous les 17 mars, la grande parade en l'honneur de saint Patrick défile sur la 5th Avenue. Chacun doit porter du vert, un vêtement ou un objet.

Vous pouvez grimper sur le toit de la structure, transformé en jardin, et voir à l'intérieur les ruines d'une vieille maison.

Continuez à longer le parc, non pas par le quai, mais par sa droite. Vous passerez plusieurs aires de jeux pour les enfants.

Question 16

Comment appelle-t-on ces espaces en anglais ?
Des p______________________

New York chouchoute les enfants car presque à chaque coin de rue se trouve une aire de jeux pour les enfants. Le premier réservé aux adultes, Macombs Dam Park, a été créé en 2012 dans le Bronx.

Juste avant d'atteindre l'extrémité nord-est du parc, vous allez trouver une aire de jeux remplie de nombreuses et étonnantes sculptures en bronze du sculpteur américain **Tom Otterness**. Amusez-vous à évoluer entre ces petits personnages rondouillards et ces drôles d'animaux, comme une grenouille, un oiseau, une maman singe, un bonhomme s'échappant d'un verre et un homme-serpent.

Question 17

Que fait l'homme-serpent accroché à son réverbère ?

___________ ____________

C'est à Battery Park qu'est exposée son œuvre la plus connue; mais les nombreuses oeuvres de ce sculpteur américain, né en 1952, ornent plusieurs lieux de la ville tels que des parcs, places et même dans la station de métro 14 St-8 Av [A, C, E, L] (p. 39) où vous en trouverez plus d'une centaine !

Remontez le quai jusqu'aux pontons suivants, à hauteur de North Moore St. Vous êtes désormais dans un autre parc qui longe l'une des deux rivières bordant Manhattan.

Comment s'appellent ces deux rivières ?
H_______________ et E________ river

> Ce parc, qui s'étend jusqu'à la 59ème St, offre de nombreuses activités en plus de ses promenades (kayak, golf, bowling...), tout en ayant de beaux panoramas sur les rives du New Jersey.

Le parcours se termine au niveau du **Pier 25**. Profitez-en pour découvrir son voisin, le **Pier 26**, première jetée de New York dédiée à l'écologie avec des espaces consacrés aux espèces menacées et aux changements climatiques.

À la découverte de Midtown

Midtown, avec la 5th Avenue, les grands magasins et Times Square, est souvent considéré comme une destination shopping. Pourtant ce quartier a plus à offrir. Suivez-nous et vous verrez Midtown sous un aspect bien différent !

durée : environ 3 h
(hors pauses shopping ou repas)
réponses p. 241

Le jeu de piste débute à la station **59 St-Columbus Circle** [1, A, B, C, D]. En sortant du métro, levez la tête et cherchez l'immense sphère en acier qui représente le monde.

Au centre de la place se trouve une grande colonne sur laquelle trône une statue de **Christophe Colomb**, Christopher Colombus en anglais... d'où le nom donné à cette place. C'est à partir de ce rond-point (le km 0) que toutes les distances de New York sont calculées.

"Laissez le monde derrière vous" et dirigez-vous vers **Central Park**. Vous êtes face à l'une des 20 entrées (*Merchant's Gate*). **Observez** le monument en pierre surmonté d'une statue en bronze doré représentant une femme sur un char tiré par 3 chevaux de mer (des créatures fantastiques mi-chevaux, mi-poissons). Il a été érigé en 1912 en l'honneur du naufrage d'un cuirassé.

Quel est le nom de ce bateau ?
(Indice : c'est aussi le nom d'un État des USA.)

____

Dans la nuit du 15 février 1898, ce bateau explose dans la rade de la Havane à Cuba, emportant avec lui plus de 200 marins. Jugeant ce naufrage suspicieux, les États-Unis entrent en guerre contre les Espagnols qui occupent Cuba. Cet incident ouvre la guerre hispano-américaine qui va offrir l'indépendance (passagère) à Cuba, mettre fin à l'empire colonial espagnol et permettre aux USA de devenir la 1re puissance mondiale en récupérant les anciennes colonies hispaniques.

Rejoignez Broadway puis descendez jusqu'à la 57th St et **tournez** à gauche. **Prenez** le trottoir de droite sur la 57th St. Sur votre chemin, vous allez voir un étonnant restaurant, un *diner*, reconnaissable à sa devanture en carrelage coloré.

Question 2

Quel est le nom de ce "*diner*"?

_______________ __________

Ce type de restaurant (appelé *diner)* était à l'origine un wagon de train réaménagé mais qui ne roulait pas et qui servait des déjeuners bon marché aux travailleurs. Puis ils sont restés ouverts le soir après 20h, alors que les autres restaurants étaient déjà fermés. À la fin des années 1950, ils perdent de leur popularité et sont remplacés par des *fast-foods*.

Regardez sur le trottoir d'en face et découvrez la plus haute tour résidentielle du monde. Il s'agit de la **Central Park Tower**, haute de 472m. **En avançant** dans la 57th St, vous pourrez observer que de nombreuses tours très hautes ont été construites dans cette rue.

Au coin de la 57th St et de la 7th Ave se trouve l'une des salles de spectacle les plus connues au monde : le **Carnegie Hall. Remontez** à l'angle de la 58th St, jusqu'au restaurant **Petrossian** - dont la spécialité est le caviar - qui est situé dans l'**Alwyn Court**. Cherchez, au dessus de l'entrée du restaurant, les deux animaux sculptés.

Question 3

Quel est cet animal, emblème de François 1er ? ______________________

Cet immeuble d'habitation de 12 étages a été construit en 1909 dans un style Renaissance française (d'où la référence au roi François 1er). Le bâtiment est classé monument historique. À l'origine, les appartements luxueux comportaient 14 pièces et 5 salles de bains ! Ils ont bien sûr depuis été divisés.

Retournez maintenant sur la 57th St et, au milieu du bloc, repérez l'étonnant panneau **6 ½ Ave**. C'est une avenue piétonne qui traverse les buildings de la 57th St à la 51st St.

Avancez sur la 57th St jusqu'au n° 118. Entrez dans l'hôtel **Parker Meridien**. **Traversez** la très belle arcade du café de l'hôtel. À l'autre bout, dans le hall sur votre droite, vous verrez un immense rideau rouge. Parfois, une longue file d'attente se forme devant. Derrière se cache un fameux restaurant de burgers.

Quel est le nom de ce restaurant ?
B____________ **J**______________

Question 4

Ressortez du Parker Meridien de la même façon que vous êtes entrés.

Reprenez la 57th St sur la droite jusqu'à la 6ème Ave. **Remontez** à la 58th St et **tournez** à droite.

Avancez jusqu'à une tour qui a la particularité d'avoir sa base courbée. **Passez devant** cette tour et arrêtez-vous devant une étonnante statue noire. Il s'agit de l'Oiseau Lunaire de **Joan Miró**. Elle se trouve à côté du dernier cinéma à salle unique de New York. Ouvert en 1948, il ne diffusait, à ses débuts, que des films en français.

Question 5

Il s'agit du ________________ Theatre

En face, repérez l'enseigne **The Shops at The Plaza**. Entrez et **descendez** les escalators pour arriver dans la **galerie commerciale.** Cherchez maintenant la boutique d'une célèbre héroïne de livres pour enfants.

Question 6

Comment s'appelle cette petite fille blonde avec sa jupette noire ?
E____________

Cette petite fille est une star aux USA depuis 1955. D'abord vedette d'albums pour enfants, elle a connu le succès au cinéma. Ses aventures se passant au Plaza, l'hôtel lui a dédié une boutique. Une suite au 18e étage est décorée comme dans le film.

Ressortez par les escalators dans la 59th St et tournez à droite. Vous arrivez sur **Grand Army Plaza** qui se divise en deux sections. Sur la première partie, devant l'**hôtel Plaza**, se trouve la **Pulitzer Fountain** avec la statue en bronze de Pomona, une déesse romaine.

JEU DE PISTE Nº 3

Traversez pour rejoindre l'autre partie de la place. Vous allez remarquer de nombreuses calèches. C'est le point de départ des promenades dans Central Park.

Au centre, vous allez trouver un **monument en bronze doré**. Un militaire est sur un cheval avec une femme qui marche à côté de lui, tenant une branche de palmier.

Question 7

Quel est le nom de famille de cet homme ?

____

Cet homme est un général nordiste reconnu comme l'un des grands tacticiens de la guerre de Sécession (1861 à 1865). Il a mis en place la stratégie de la *hard war* (guerre totale) ; c'est-à-dire que l'on ne se limitait pas à des batailles militaires. La destruction systématique des biens privés faisait partie de son plan. Il a notamment fait détruire totalement la ville d'Atlanta en Géorgie.

Commencez votre descente de la 5th Ave, célèbre pour ses boutiques de luxe. De nos jours, toutes les grandes marques s'y installent aussi. Vous passerez devant le fameux cube de verre de la marque à la pomme, puis devant les vitrines des magasins **Bergdorf Goodman** qui sont parmi les plus belles et les plus chics de la ville.

À l'angle de la 56th St se trouve **Tiffany and Co.**, la plus célèbre joaillerie américaine. C'est devenu un lieu très touristique depuis la fameuse scène d'Audrey Hedburn dans le film *Diamant sur canapé (Breakfast at Tiffany's).*

Question 8

Une couleur caractérise cette marque de bijoux, présente sur les sacs, les emballages et les catalogues du joaillier publiés depuis 1845.

Quelle est cette couleur ?
Rose **Gris clair** **Turquoise** **Noir**
(Entourez la bonne réponse.)

Tournez à droite sur la 56th St et rejoignez la 6th Ave. Regardez attentivement les panneaux indicateurs. Eh oui cette avenue porte un autre nom.

Question 9

Quel est le deuxième nom de cette avenue ?

____

Continuez à descendre la 6th Ave jusqu'à l'angle de la 50th St où se trouve une salle de spectacle mythique, le **Radio City Music Hall**.

Chaque année à l'époque de Noël, est organisé le *Radio City Christmas Spectacular*, l'un des shows les plus regardés aux USA. Le spectacle existe depuis 1933. Les vedettes sont *The Rockettes*, un groupe de danseuses qui exécutent des chorégraphies avec une précision horlogère (p. 139).

Tournez à gauche dans la 50th St et observez la façade du Radio City Music Hall. Vous allez découvrir trois emblèmes en métal qui représentent les arts du spectacle : musique, théâtre, danse.

Question 10

Placez-les dans l'ordre de gauche à droite

__________ __________ __________

En continuant vers l'est sur la 50th St, traversez le **Rockefeller Center.** La place centrale est entourée des drapeaux des pays membres des Nations Unies. C'est ici qu'est décoré un énorme sapin pour les fêtes de fin d'années. En contrebas, où une patinoire est installée en hiver, se trouve, dans la fontaine, une statue dorée représentant Prométhée, bienfaiteur de la race humaine selon les Grecs.

Le Rockefeller Center se compose de 19 bâtiments Art Déco. Il fut l'un des projets les plus importants d'art moderne américain dans les années 1930. Il rassembla près de 39 artistes pour réaliser des mosaïques, des statues, des peintures murales. Le GE Building est le gratte-ciel le plus haut du complexe. À son sommet se trouve Top of the Rock (p. 74) et sa vue panoramique.

Marchez jusqu'à la 5th Ave ; vous allez passer devant **Saint Patrick's Cathedral** (p. 73) qui trône majestueusement au milieu des gratte-ciels. Poussez la porte pour admirer l'intérieur et son magnifique orgue de 5 918 tuyaux.

Continuez votre chemin vers le sud. Au n° 620, entre la 50th St et la 49th St, vous découvrirez un immeuble avec une magnifique entrée ornée de petites statues dorées. Regardez le blason au-dessus. Il est écrit “Dieu est mon droit”, la devise de la monarchie britannique.

Question 11

Combien comptez-vous de statuettes ?

______

Poursuivez votre chemin. De part et d'autre de la 47th St se trouvent deux gros diamants qui marquent l'entrée de *Diamond District* ("le quartier des diamantaires") qui regorge de bijouteries. Au coin de la 45th St, se trouve la boutique officielle de la ligue américaine de basket.

Quelles sont les 3 lettres qui forment le nom de cette ligue ?

________ ________ ________

Sur le coin de la 42ème St vous arriverez à **la New York Public Library.** L'entrée de ce magnifique bâtiment de style Beaux-Arts est gardée par deux énormes animaux en pierre.

De quel animal s'agit-il ?

____

Marchez vers l'est le long de la 42nd St pour rejoindre la gare de **Grand Central Terminal**, la plus grande gare de New York. Levez les yeux pour admirer la magnifique pointe du **Chrysler Building**.

Grâce au jeu du livret enfant, vous allez pouvoir percer les secrets de cette très belle gare.

MENU
Burgers

Quand est-ce qu'on mange ?

New York est le royaume du burger et les fast-foods ne désemplissent pas; certains se sont même fait un nom grâce à leur qualité. Mais la ville offre également la possibilité de faire un tour du monde gastronomique. Les émigrés de toutes origines ayant débarqué avec leurs traditions culinaires, la variété des cuisines est pratiquement infinie. La tendance du "manger sain" gagnant du terrain, nous avons déniché des restaurants et des fast-foods attentifs à la qualité de leurs produits. Les becs sucrés ne sont pas oubliés. Ils pourront craquer sur les tendres cookies, les délicieux New York cheesecakes et les jolis cupcakes. Profitez aussi des joies des pique-niques, car Big Apple offre de superbes parcs pour un déjeuner bucolique. Lors de votre commande, n'oubliez pas que vous êtes dans le pays où l'on voit tout en grand. Les portions sont au format XXL, c'est-à-dire très copieuses. Rappelez-vous aussi que les prix affichés sont hors taxe. Prévoir 8,875 % de taxe et un pourboire *(tip)* de 18 % à 20 % sur le total.

LES PLATS TRADITIONNELS

Difficile de dire ce qui est typiquement new-yorkais en termes de cuisine, tant New York est cosmopolite, et ce jusque dans l'assiette! Mais durant ce séjour, vous allez pouvoir goûter à des spécialités américaines que vous n'avez pas l'habitude de manger chez vous. Bon appétit et bonnes découvertes!

Les **pancakes** se dégustent au petit déjeuner avec du sirop d'érable *(maple syrup)*. Leur forme fait penser à celle d'un blini, une crêpe petite et très épaisse.

La ***Caesar salad*** (salade César) est une salade emblématique des États-Unis. Elle est servie le plus souvent avec des crevettes *(shrimps)* ou des dés de poulet *(chicken)*. Ce qui ne change pas, en revanche, c'est la fameuse sauce César, une sorte de mayonnaise très liquide avec un petit goût d'anchois et des croûtons.

Le ***coleslaw*** est un accompagnement *(side)* composé de carottes et de chou cru râpés, mélangés dans une sauce très crémeuse et servis froids.

Les **bretzels** sont d'origine bavaroise. Il en existe deux sortes. La première est de grande taille et de forme torsadée, à la mie tendre, la seconde est petite et croquante. On en vend partout dans la rue.

Le **bagel** est un petit pain rond avec un trou au centre, introduit à New York il y a un siècle par les juifs ashkénazes. Depuis, il a conquis toute l'Amérique, et même la France ! Il existe différentes saveurs : nature, aux graines de pavot ou de sésame, aux oignons ou en version sucrée avec des raisins. On le mange grillé au petit déjeuner ou en sandwich dans la journée.

Le ***fried chicken*** (poulet frit) est un plat originaire du sud des États-Unis, mais qui est très populaire à New York. Les morceaux de poulet sont panés dans des œufs, de la farine et des épices, puis frits dans de l'huile de maïs. Un régal !

Les ***macaroni and cheese***, que l'on appelle aussi *Mac&Cheese*, sont un autre plat favori des enfants américains. C'est un gratin de macaronis au fromage, généralement un mélange de cheddar et de gruyère. C'est (très) crémeux tout en étant croustillant.

Les **donuts** sont des beignets d'origine hollandaise dont le dessus est recouvert d'un glaçage. Ils sont si populaires que des chaînes de donuts se sont développées dans tous les États-Unis.

Le **New York cheesecake** est un gâteau qui doit sa saveur si spécifique au Philadelphia Cream Cheese. On en trouve presque partout et il se décline en plusieurs versions : chocolat, *lime* ou *red velvet,* par exemple.

LES CHAÎNES

New York compte un nombre très important de chaînes de restauration. Voici une sélection de celles qui sont les plus adaptées aux familles. Elles proposent des dizaines d'adresses dans toute la ville et sont facilement repérables dans chaque quartier.

Bareburger • bareburger.com

Ici, on peut composer son burger bio en choisissant le type de pain, de viande (bœuf, dinde, agneau, sanglier, bison, autruche) et les accompagnements. Les produits sont issus du commerce local.
Burger 13 $, sandwich 11 $

Sweetgreen • sweetgreen.com

Ces bars à salade offrent une bonne alternative aux *fast-food,* tout en restant gourmands grâce à des salades bien garnies. Vous pouvez

composer votre salade ou choisir parmi celles présentées à la carte (qui change suivant les saisons). Elles sont préparées sous vos yeux, avec des produits frais et issus de l'agriculture locale. Le tout à déguster dans une ambiance agréable grâce au style épuré de leurs intérieurs.
Salade *12 $*

Five Guys • **fiveguys.com**
Élu l'un des meilleurs fast-foods américains, ses burgers sont délicieux et préparés à la demande selon votre choix d'ingrédients. Les frites sont cuites dans de l'huile d'arachide, ce qui leur donne un goût unique. Aucun ingrédient n'est congelé et les produits sont garantis frais. Les enfants pourront, pendant l'attente, grignoter gratuitement quelques cacahuètes encore dans leur coque, et les boissons sont à volonté !
Burger 6,25 $

Luke's Lobster • **lukeslobster.com**
Cette petite chaîne originaire de la Nouvelle-Angleterre réjouira les amateurs de crustacés. Ne manquez pas de tester le *Maine Lobster Roll*, sandwich au homard, un vrai régal.
Sandwich avec soda et chips 18 $

Pinkberry • **pinkberry.com**
Ici, le concept est de choisir un yaourt glacé (nature ou sucré) parmi un grand choix de parfums selon la saison et d'y ajouter des ingrédients au choix *(toppings)* : pépites de chocolat, fruits frais, boules de *bubble tea,* bonbons ou brisures de cookies. Un super goûter plus sain à proposer aux enfants lorsqu'ils seront lassés des cupcakes ! Notre parfum favori : la grenade *(pomegranate).*
Petite coupe + garniture 5 $

Shake Shack • **shakeshack.com**
Sûrement la plus célèbre des chaînes de fast-food new-yorkaises, spécialisée en burgers et milk-shakes. Les hot dogs sont aussi très bons. C'est un fast-food, certes, mais de qualité. Ici, la viande est garantie sans hormones.
Schack Burger 6 $, hot dog 3,80 $

The Meat Ball Shop • **themeatballshop.com**
Les *meatballs* (boulettes de viande) sont un grand classique de la cuisine américaine. Tous les petits Américains en raffolent... et les grands aussi ! Cette chaîne en a fait sa spécialité. Votre enfant pourra composer son plat en combinant les différents ingrédients : boulettes au bœuf, au porc, au poulet ou aux légumes, pâtes, purée ou légumes comme accompagnement et, pour finir, la sauce de son choix.
3 meatballs 8 $, menu enfant 10 $

Whole Foods • **wholefoodsmarket.com**
L'une des meilleures adresses de chaîne de supermarchés avec rayon traiteur pour un repas rapide, sain et bio. On y trouve une vaste sélection de plats froids et chauds en libre-service. Très bon bar à sushis.
Prix au poids

LES RESTAURANTS

Dans les pages qui suivent, vous allez découvrir nos adresses préférées pour petits et grands gastronomes. Nos coups de cœur sont signalés par un YUMMY qui veut dire... c'est bon !

Et voici deux symboles pour vous permettre de repérer facilement les restaurants qui chouchoutent plus particulièrement les *kids* !

C Chaise haute pour bébé
K Menu enfant

LOWER MANHATTAN

RESTAURANTS

Miramar Mediterranean Seafood Restaurant *(méditerranéen)* YUMMY
21 South End Ave (au bord de l'Hudson) • M Rector St [1] • miramarnyc.com • 212 964 3000 • tlj 12h-22h
C K Plan p. 44-45 3 C4
Ce restaurant aux jolies couleurs méditerranéennes propose un choix varié de poissons frais et de mets d'inspiration grecque. Les portions sont généreuses et les membres du personnel très accueillants avec les familles ; ils proposent des coloriages et de grandes tables rondes avec banquettes, idéales pour caser les enfants. C'est une pause parfaite lors du jeu de piste "Sur les bords de l'Hudson" p. 153.
Plateau de mezze 16 $, plat 19 $

Blue Smoke *(barbecue)*
255 Vesey St (entre West St et North End Ave) • M World Trade Center [E], Chambers St [A, C], Park Pl [2, 3] • bluesmoke.com • 212 889 2005 • lu-je 11h30-22h (ve 23h), sa 11h-23h, di 11h-22h
C K Plan p. 44-45 11 B2
À deux pas du mémorial du World Trade Center (p. 52), les bambins sont ici les bienvenus. Ils sont accueillis avec parking à poussette, chaises hautes, menu *kids*, coloriages et même la décoration d'un petit sablé qui sera ensuite cuit pendant le repas et offert comme dessert. C'est l'occasion de découvrir la cuisine traditionnelle du Sud servie en assiette ou en copieux sandwiches. Le secret de la maison réside dans son expertise dans la maturation de la viande. Il est préférable de réserver à l'avance.
Plat 20 $, sandwich 14 $, menu enfant (-10) 14 $

Hudson Eats at Brookfield Place *(food hall)*
225 Liberty St (dans Brookfield Place) • M Cortland St [1, R, W], World Trade Center [E] • brookfieldplaceny.com/directory/food • tlj 8h-21h (di 19h)
Plan p. 44-45 ⑩ C3
Situé dans le centre commercial de Brookfield Place, ce *food-hall* propose différents stands sur le pouce de qualité. Les prix sont élevés, mais les mets sont excellents. Chacun choisira selon son appétit parmi tartines (13,50 $), sandwich à la viande grillée (8,50 $), pizzas fines (11 $)... Pendant le repas, vous pourrez contempler la vue sur l'Hudson River, encore plus belle au coucher du soleil !

Whole Foods *(supermarché)*
270 Greenwich St (entre Warren St et Murray St) • M Chambers St [1, 2, 3] • 212 349 6555 • tlj 7h-23h
C **Plan p. 44-45 ⑫ C2**
Voir descriptif p. 175.

Sarabeth's Tribeca *(américain)*
339 Greenwich St (entre Jay St et Harrison St) • M Franklin St [1] • sarabethsrestaurants.com • 212 966 0421 • tlj 8h-22h (ve-sa 22h30)
C K **Plan p. 44-45 ⑭ C1**
Sarabeth's s'est d'abord fait connaître pour ses confitures que l'on peut trouver dans les supermarchés. Depuis, plusieurs restaurants ont ouvert à New York et à l'étranger. On s'y presse les samedi et dimanche pour le brunch (servi de 8h à 16h). Autre adresse dans Upper Manhattan p. 192.
Sweet Brunch 20 $, Pizza 16 $

Jing Fong Restaurant *(chinois)*
20 Elizabeth St (entre Bayard St et Canal St) • M Canal St [N, Q, R, W J, Z, 4, 5, 6] • jingfongny.com • 212 964 5256 • lu-ve 10h-21h30, sa-di 9h30-21h30
C **Plan p. 44-45 ⑯ D1**
Situé dans Chinatown, ce restaurant contient des centaines de tables rondes, chacune pouvant accueillir une dizaine de personnes. Les charriots chargés de *dim sum* (raviolis à la vapeur) défilent entre les tables tous les jours jusqu'à 15h, pour le plus grand amusement des enfants. L'endroit est toujours bondé, venez donc vers 11h30-12h.
Dim sum 3,50 $

Shake Shack *(burger)*
2000 Broadway (au niveau 2 du Fulton Center) • M Fulton St [2, 3, 4, 5, A, C, J, Z] • 646 230 0320 • lu-ve 10h-23h, sa-di 11-23h
C **Plan p. 44-45 ⑨ C2/D2**
Voir descriptif p. 174.

Cowgirl Sea-Horse *(tex-mex)*
259 Front St (angle Dover St) • M Fulton St [A, C, J, Z, 2, 3, 4 ,5] • cowgirlseahorse.com • 212 608 7873 • lu-je 11h-23h, ve 11h-0h, sa 10h-0h, di 10h-23h
C K **Plan p. 44-45 8 E2**
Posé au pied du Brooklyn Bridge, ce petit restaurant offre une carte tex-mex dans un décor étonnant : on ne sait pas si on est dans un saloon ou dans un restaurant en bord de mer. Nachos, tacos, quesadillas, burritos... Rien qu'en lisant la carte, on est déjà ailleurs ! Un conseil : vérifiez que le pourboire n'est pas facturé d'office sur la note.
Menu enfant 9 $, plat 18 $

Luchadores NYC *(mexicain)*
87 South St (angle John St) • M Wall St [2, 3, 4, 5] • luchadores-nyc.business.site • 917 409 3033 • tlj 11h-21h30 (sa-di 11h30)
C K **Plan p. 44-45 7 D3**
Ce restaurant doit son nom aux lutteurs masqués mexicains, que l'on appelle *los luchadores* signifiant les lutteurs. Vous pourrez manger de très bons *tacos* et *fajitas* dans des portions avantageuses. Avec ses quelques tables à l'extérieur, protégées par une sorte d'igloo géant en hiver, le lieu est idéal pour faire une pause au cours d'une visite du quartier historique de South Street Seaport.
Burrito, Quesadillas 9,25 $

Sweetgreen *(bar à salades)*
67 Wall St (entre Hanover St et Pearl St) • M Wall St [2, 3, 4, 5] • sweetgreen.com • 212 487 9030 • tlj 10h30-22h
Plan p. 44-45 6 D3
Voir descriptif p. 173.

Luke's Lobster *(fruits de mer)*
26 South William St (entre Broad St et Hanover Sq) • M Bowling Green [4, 5], Wall St [2, 3] • lukeslobster.com • 212 747 1700 • lu-ve 11h-21h, sa-di 12h-20h
Plan p. 44-45 4 D3
Voir descriptif p. 174.

GOÛTERS

Duane Park Patisserie
179 Duane St (entre Hudson St et Greenwich St) • M Chambers St [1, 2, 3] • duaneparkpatisserie.com • 212 274 8447 • lu-sa 8h-19h, di 8h-17h
Plan p. 44-45 13 C1
Cette pâtisserie située à Tribeca fera le bonheur des amateurs de douceurs. Grand choix de gâteaux, dont certains sont d'inspiration française et de *cupcakes*. Quelques tables sont à disposition.

Financier Patisserie
62 Stone St (entre Mill Lane et Hanover Sq) • M Broad St [J, Z], Wall St [2, 3] • financierpatisserie.com • 212 344 5600 • lu-ve 6h30-18h30, sa-di 8h30-17h
Plan p. 44-45 5 D3
Les jolis étals de gâteaux vont

vous faire penser à une pâtisserie française. Et c'est le but ! Les Américains en raffolent et plusieurs adresses ont vu le jour dans Manhattan.

PIQUE-NIQUES

Hudson River Park (Piers 25 & 26)

M Franklin St [1], Canal St [1, A, C, E]
Plan p. 44-45 (15) B1
Ces deux pontons, récemment aménagés, proposent des bancs et ds espaces pour un pique-nique sur l'eau. On y trouve quelques stands de nourritures, des toilettes, des fontaines à eau et des aires de jeux qui enchanteront vos enfants pendant votre pause digestive.

Battery Park

M Bowling Green [4, 5] , South Ferry [1] Whitehall St [R, W]
Plan p. 44-45 (2) C4
Les endroits pour pique-niquer ne manquent pas le long de ce parc en bord de mer. En prime, vous aurez une belle vue sur la statue de la Liberté !

Governors Island

M South Ferry [1], Bowling Green [4, 5], Whitehall St [R, W]
Plan p. 44-45 (1) E6
En saison estivale, cette île facilement accessible par ferry (p. 48) est idéale pour un pique-nique familial sur l'herbe. De nombreuses animations pour les enfants et la vue sur la Statue de la Liberté en font un des rendez-vous préférés des New-Yorkais. Amenez votre pique-nique ou choisissez parmi les stands sur place.

DOWNTOWN

RESTAURANTS

Keste *(pizza)*

271 Bleecker Street (entre Jones et Cornelia St) • M West4 St [A, B, C, D, E, F, M] • kestepizzeria.com • 212 243 1500 • lu-me 16h30-22h, je 11h30-15h30 et 16h30-22h, ve-sa 11h30-23h30, di 11h30-22h
Plan p. 56-57 (2) D4
Au menu, de délicieuses pizzas napolitaines cuites au feu de bois dans un four importé de Naples. Une pâte fine, des ingrédients frais et savoureux... Un conseil : venez en dehors des heures d'affluence car l'endroit est petit et l'attente peut être longue. Vous pouvez aussi emporter votre pizza pour la manger dans un parc voisin. Pour les intolérants au gluten, il existe un menu *gluten free avec* beaucoup de choix (même des pizzas !)
Pizza 16 $

John's Pizza *(pizza)*

278 Bleecker St (entre Jones St et Morton St) • M 4 West 4 St [A, B, C, D, E, F, M] • johnsbrickovenpizza.com • 212 243 1680 • di-je 11h30-23h30, ve-sa 11h30-0h30
C K **Plan p. 56-57 (3) D4**

Ici l'on sert l'une des meilleures pizzas de Manhattan, une pâte fine cuite au four à charbon de bois avec un très grand choix de garnitures. La salle est agréablement organisée en *booths* (compartiments séparés). La longue file d'attente à l'extérieur ne doit pas vous effrayer, elle avance plutôt vite. Le service est simple et efficace. Attention, les cartes de crédit ne sont pas acceptées.
Medium pizza 17 $, Grande pizza 20 $

Cowgirl *(américain)*
519 Hudson St (angle W 10th St) • M Christopher St-Sheridan Sq [1] • cowgirlnyc.com • 212 633 1133 • lu-je 10h-23h, ve-sa 10h-0h, di 10h-23h brunch sa-di 10h-16h
C K **Plan p. 56-57 ④ C4**
Situé à la lisière de Chelsea, ce restaurant au cadre Far West sert de savoureux burgers accompagnés de *coleslaw* ou frites maison. On trouve aussi les classiques du sud des États-Unis comme le *chili con carne* ou le poulet frit *(fried chicken)* et un menu spécial pour les *kids* de moins de 12 ans.
Burger 12,25 $, salade 12 $

Corner Bistro *(burger)*
331 W 4th St (angle Jane St) • M 14 St [1, 2, 3], 8 Av [L] • cornerbistrony.com • 212 242 9502 • lu-sa 11h30-4h, di 12h-4h
Plan p. 56-57 ⑦ C3
Un petit bar qui ne paie pas de mine, mais qui délivre un succulent burger avec bacon. Sa taille (énooooorme) demande pas mal d'habileté pour ne pas tacher ses vêtements !
Burger 8,75 $

Gansevoort Market *(food hall)*
353 W 14th St • M 8 Av [L], 14 St [A, C, E] • gansevoortmarketnyc.com • 646 449 8400 • tlj 11h-20h (sa-di 21h)
Plan p. 56-57 ⑧ B2
Idéalement situé à 50 m de la High Line (p. 54), le Gansevoort Market n'est pas un marché (malgé son nom) mais un espace proposant des stands de restauration à emporter et une jolie salle avec tables et chaises. Pratique pour satisfaire les envies de chacun sans se chamailler. Au choix : tacos, crêpes, sandwiches au homard, pizzas, jus de fruits frais...
Taco 4,95 $, la part de pizza 5 $

YUMMY

The Meatball Shop *(américain)*
◎ 64 Greenwich Ave (entre W 11th St et Perry Ave) • M 14 St [1, 2, 3, L] • 212 982 7815 • tlj 11h30-23h (ve-sa 1h)
C K **Plan p. 56-57 ⑥ C3/D3**
◎ 200 9th Ave (entre W 22nd St et W 23rd St) • M 23 St [A, C, E] • 212 257 4363 • tlj 11h30-0h (ve-sa 1h)
C K **Plan p. 56-57 ⑮ B1**

84 Stanton St (entre Allen St et Orchard St) • M 2 Av [F] • 212 982 8895 • tlj 11h30-1h (ve-sa 2h)
C K Plan p. 56-57 32 G4
Voir descriptif p. 174.

Chelsea Market *(food hall)*
75 9th (entre W 15th St et W 16th St) • M 14 St [A, C, E] • 8 Ave [L] • chelseamarket.com • 212 652 2121 • lu-sa 7h-2h, di 8h-22h
Plan p. 56-57 9 B2
Installé dans les anciens locaux d'une biscuiterie, le Chelsea Market a un caractère unique à l'image du quartier de Meatpacking. Vous y trouverez de nombreux stands de fast-foods, des restaurants, quelques boutiques et un marché de produits locaux au sous-sol. Un lieu incontournable lors de votre visite de New York, et d'autant plus si vous y êtes autour d'Halloween car leur décoration est très réussie.

Five Guys *(burger)*
56 W 14th St (entre 5th et 6th Ave) • M 6 Av [L], 14 St [F, M] • fiveguys.com • 212 675 2229 • tlj 11h-22h
C Plan p. 56-57 11 D2
Voir descriptif p. 174.

La Boqueria *(espagnol)*
53 W 19th St (entre 5th Ave et 6th Ave) • M 23 St [F, M, R, W, 6] • boqueriarestaurant.com • 212 255 4160 • tlj 11h-22h30 (ve-sa 23h30)
Plan p. 56-57 12 D2
Des tapas aussi bonnes que celles que vous pourriez manger en Espagne. En dessert, de délicieux *churros* (beignets espagnols) à tremper dans du chocolat chaud et épais.
Tapas à partir de 6 $, 5 churros 8 $

New York Burger Co *(burger)*
470 W 23rd St (angle 10th Ave) • M 23 St [C, E] • newyorkburgerco.com • 212 255 0400 • tlj 11h-23h (di 22h)
C Plan p. 56-57 14 B1
L'un des meilleurs rapports qualité-prix pour un excellent burger à la viande Angus, une salade ou du *chili con carne*. Cette petite chaîne n'a du fast-food que la rapidité de son service. Les burgers sont déclinables en taille mini, ce qui est parfait pour les *kids*.
Burger et sandwich 8-9 $, hot dog 5 $

Murray's Bagels Chelsea *(bagels)*
242 8th Ave (entre 22nd St et 23rd St) • M 23 St [C, E, 1] • murraysbagelschelsea.com • 646 638 1335 • tlj 6h30-17h30
Plan p. 56-57 16 C1
Un des meilleurs *bagels* de la ville. Ils sont cuits sur place tous les jours. Murray's a pour particularité de ne pas les toaster avant de les

servir. Vous trouverez forcément votre bonheur parmi la multitude de garnitures proposées : confiture ou tofu et pas moins de huit sortes de saumon !
Bagel nature 1,50 $, garni 8,50 $

Shake Shack *(burger)*
Southeast Corner of Madison Square Park (près de Madison Ave et 23rd St) • M 23 St [R, W, 6] • shakeshack.com • 212 889 6600 • tlj 9h-23h
Plan p. 56-57 19 E1
C'est là que s'est ouvert le premier kiosque à burgers Shake Shack à New York. Depuis, c'est devenu une chaîne internationale qui a traversé l'Atlantique pour s'installer hors des États-Unis. On est toujours dans l'attente d'une ouverture à Paris !
Voir descriptif p. 174.

Big Daddy's *(diner)*
239 Park Ave S (entre 19th et 20th St) • M 23 St [6] • bigdaddysnyc.com • 212 477 1500 • lu-je 8h-0h, ve-di 8h-2h (di 23h)
C K Plan p. 56-57 20 E2
Cette chaîne de restaurants à l'ambiance des *diners* des *fifties* va vous plonger dans une Amérique mythique : couleurs électriques, tables en Formica, enseignes en néon. Et dans l'assiette, on trouve les grands classiques américains : burgers, milk-shakes, cupcakes.
Voir aussi Upper Manhattan p. 183.
Brunch 12 $, burger 12 $

Luke's Lobster *(fruits de mer)*
124 University Pl (entre 13th et 14th St) • M Astor Pl [6] • 917 475 9191 • tlj 11h-22h (ve-sa 23h)
Plan p. 56-57 22 E2
Voir descriptif p. 174.

Whole Foods *(supermarché)*
4 Union Square E, sur E 14th St • M 14 St-Union Sq [L, N, Q, R, W, 4, 5, 6] • wholefoodsmarket.com • 212 673 5388 • tlj 7h-23h
C Plan p. 56-57 23 E2
Voir descriptif p. 175.

Max Brenner *(américain)*
841 Broadway (entre E 13th St et E 14th St) • M 14 St-Union Sq [L, N, Q, R, W, 4, 5, 6] • maxbrenner.com • 646 467 8803 • lu-je 9h-1h, ve-di 9h-2h (di 0h)
C K Plan p. 56-57 24 E2
Dans un superbe décor qui fait penser à *Charlie et la chocolaterie*, l'aliment vedette est… le chocolat. Mais on trouve aussi au menu les grands classiques de la cuisine américaine, notamment des burgers. Et en dessert, ne manquez pas la pizza au Nutella !
Plat 15 $

The Grey Dog *(sur le pouce)*
90 University Pl (entre 11th et 12th St) • M 14 St-Union Sq [L, N, Q, R, W, 4, 5, 6] • thegreydog.com • 212 966 1060 • lu-ve 7h30-22h, sa-di 8h15-22h (di 21h)
C K Plan p. 56-57 26 E3
Situé à proximité de l'université

de New York, ce petit restaurant à la décoration rustique et colorée offre une ambiance accueillante et décontractée. Les tables ne sont pas nombreuses, mais la formule est idéale pour une petite halte en famille. Au menu : de savoureux sandwiches servis dans le pain de votre choix, des soupes et des salades fraîches et variées, sans oublier les pâtisseries du jour.

Plat 11 $

Bareburger *(burger)*
535 Laguardia Pl (entre Bleecker et W 3rd St) • M Broadway-Lafayette St [B, D, F, M] • 212 477 8125 • di-je 11h30-22h30, ve-sa 11-23h
C K **Plan p. 56-57 28 E4**
Voir descriptif p. 173.

Katz's Delicatessen *(américain)*
205 E Houson St (angle Ludlow St) • M 2 Av [F] • katzsdelicatessen.com • 212 254 2246 • lu-me 8h-22h45, je 8h-2h45, non-stop de ve 8h à di 22h45
C **Plan p. 56-57 30 G4**

Certainement le plus connu de tous les *delis* new-yorkais. Établi depuis 1888, sa réputation est notamment dûe à la cultissime scène du film *Quand Harry rencontre Sally*. C'est l'endoit idéal pour goûter un sandwich au pastrami ou l'une des spécialités de la cuisine juive comme une *matzo ball soup* (bouillon de boulettes de pain azyme) ou un *knish* (beignet de pomme de terre garni au choix d'épinards, de brocolis, etc.).

Sandwich 15 $

Russ & Daughters Cafe *(américain)*
127 Orchard St (entre Delancey St et Rivington St) • M Delancey St [F], Essex St [J, M, Z] • russanddaughters.com • 212 475 4880 • tlj 8h-18h (je 19h)
Plan p. 56-57 29 G4

Russ & Daughters est certainement l'un des plus célèbres *delicatessen* de New York. En 2014, pour fêter leur centenaire, la 4e génération de Russ a décidé d'ouvrir un restaurant sur Orchard St. On retrouve à la carte les spécialités emblématiques de la cuisine juive new-yorkaise, celles qui ont fait la réputation de l'épicerie. Coup de cœur pour leur excellent *bagel* au *cream cheese* et saumon fumé. L'endroit est facilement bondé donc à éviter aux heures de pointe avec de jeunes enfants.

Bagel au saumon fumé 16 $

Sweet Chick *(américain)*
178 Ludlow St (entre E Houston St et Stanton St) • M 2 Av [F, M], Delancey St [F], Essex St [J, M, Z] • sweetchick.com • 646 657 0233 • tlj 11h-2h (sa-di 10h)
Plan p. 56-57 31 G4

Sur les murs du restaurant sont exposés des moules à gaufres. Vous ne serez donc pas surpris d'apprendre que l'une des spécialités de Sweet Chick est justement la gaufre! Non pas en dessert, comme nous avons l'habitude de la manger, mais en accompagnement d'un autre plat, tout aussi délicieux: le poulet frit façon sud des États-Unis. Hypra croustillant. Un vrai délice!

Poulet frit et gaufre 17 $

Essex Market *(food hall)*

88 Essex St (angle Delancey St) • Ⓜ Delancey St [F], Essex St [J, M,Z] • essexmarket.nyc • lu-sa 8h-20h, di 10-18h

Plan p. 56-57 ㉟ H5

Nouvelle adresse et locaux tout modernes pour ce marché qui existe depuis 1888 dans le Lower East Side. Goûtez aux produits frais et de qualité des différents stands en vous installant sur la mezzanine.

GOÛTERS

Dominique Ansel Bakery

189 Spring St (entre Sullivan St et Thompson St) • Ⓜ Spring St [C, E] • dominiqueanselny.com• 212 219 2773 • lu-sa 8h-19h, di 9h-19h

Plan p. 56-57 ❶ D5

Boulangerie française oú est né le fameux cronut, mi croissant, mi donut. Attention il faut s'y rendre avant 12h pour être sûr de pouvoir y goûter! Espace agréable à l'arrière pour se poser.

Magnolia Bakery

401 Bleecker St (angle W 11th St) • Ⓜ 14 St [1, 2, 3] • magnoliabakery.com • 212 462 2572 • tlj 9h30-22h30 (ve-sa 23h30)

Plan p. 56-57 ❺ C3

Cette adresse est devenue culte pour les fans de *Sex and the City*. Attendez-vous donc à de longues files d'attente. Grand choix de *cupcakes* et de pâtisseries américaines à emporter.

Autres adresses dans Midtown p. 189 et Upper Manhattan p. 193.

Pinkberry

523 6th Ave (entre W 13th St et W 14th St) • Ⓜ 6 Av [L], 14 St [F, M] • pinkberry.com • 212 414 8429 • tlj 12h-23h, (ve-sa 0h)

Plan p. 56-57 ❿ D2

Voir descriptif p. 174.

Doughnut Plant

doughnutplant.com

◎ 220 W 23rd St (entre 7th Ave et 8th Ave)• Ⓜ 23 St [C, E, 1] • 212 505 3700 • tlj 7-22h (je-sa 0h)

Plan p. 56-57 ⓱ C1

◎ 379 Grand St (entre Norfolk St et Essex St) • Ⓜ Delancey St [F], Essex St [J, M, Z] • 212 505 3700 • tlj 6h30-20h (ve-sa 21h)

Plan p. 56-57 ㊱ G5

Une enseigne entièrement dédiée aux *donuts* (beignets) avec un choix incroyable de saveurs. Un vrai piège à gourmands. À consommer sur place ou à emporter.

DOWNTOWN

Baked by Melissa

7 E 14th St (entre 5th Ave et Union Sq W) • M 14 St-Union Sq [L, N, Q, R, W, 4, 5, 6] • bakedbymelissa.com • 212 842 0220 • lu-ve 8h-22h, sa-di 9h-23h (di 22h)

Plan p. 56-57 (21) E2

Les *mini-cupcakes* de Melissa sont de petites merveilles délicatement décorées et déclinées en de multiples saveurs. Adresse hautement recommandée dans la jungle new-yorkaise des boutiques de *cupcakes*. La petite taille de ces gâteaux offre une bonne excuse pour en goûter plusieurs !

Nutella Café

116 University Pl (à l'angle de E 13th St) • M 14 St-Union Sq [4, 5, 6, L, N, Q, R, W] • 800 861 4888 • lu-ve 7h-21h (ve 23h,) sa-di 8h30-23h (di 22h)

Plan p. 56-57 (25) E2

Avis à tous les gourmands, Nutella a ouvert son premier café en plein coeur de New York. Au menu : crêpes, gaufres, glaces, biscuits... et plein de produits dérivés à l'effigie de la marque. On peut prendre à emporter ou alors s'installer à une table avec un bon chocolat chaud. Idéal pour un goûter réussi. Regardez en entrant la porte en forme du fameux pot.

Rice to Riches

37 Spring St (angle Mott St) • M Spring St [6] • ricetoriches.com • 212 274 0008 • tlj 11-23h (ve-sa 1h)

Plan p. 56-57 (33) F5

Bienvenue au royaume du riz au lait (*rice pudding*) ! Décliné en d'innombrables variantes, il fera un goûter original. Mention spéciale pour les panneaux humoristiques qui ornent les murs.

Erin McKenna's Bakery

248 Broome St (entre Orchard St et Ludlow St) • M Delancey St [F], Essex St [J, M, Z] • erinmckennasbakery.com • 855 462 2292 • di-ma 8h-20h, me-sa 8h-22h (ve-sa 23h)

Plan p. 56-57 (34) G5

Cette pâtisserie a pensé aux gourmands qui sont intolérants au gluten. Une belle et bonne idée !

PIQUE-NIQUES

Piers 62, 63, 64

À la hauteur de W 23rd St • M 23 St [C, E]

Plan p. 56-57 (13) A1

Les quais de l'Hudson (que l'on nomme *piers*) sont aménagés de manière très agréable pour un pique-nique en famille. On y trouve des sièges, des fontaines, des sanitaires et même des aires de jeux pour les enfants.

Madison Square Park

23rd St (entre Madison Ave et 5th Ave) • M 23 St [F, M, R, W, 6]

Plan p. 56-57 (18) E1

Ce parc est très pratique car doté de bancs publics et situé tout près de la grande épicerie italienne Eataly (p. 211) où vous pourrez faire aisément vos emplettes. Mais attention, il est malheureusement aussi très fréquenté. De nombreux écureuils, particulièrement peu farouches, peuvent venir vous disputer votre sandwich.

Washington Square Park

Angle Washington Pl et 5th Ave • Ⓜ W 4 St [A, B, C, D, E, F, M]
Plan p. 56-57 ㉗ E4
Joli parc avec de nombreuses places assises et une belle fontaine pour se rafraîchir les jours de grosse chaleur. Beaucoup de restaurants sur le pouce sont situés tout autour.

MIDTOWN

RESTAURANTS

Pio Pio *(péruvien)*

604 10th Ave (entre 43rd St et 44th St) • Ⓜ 42 St-Port Authority [A, C, E] • piopio.com • 212 459 2929 • tlj 11h-23h (ve-sa 0h)
C Plan p. 68-69 ❶ B3
Cette chaîne de cuisine péruvienne offre une carte exotique avec un grand choix de *ceviches*, du poisson cru mariné dans un jus de citron et accompagné de patate douce, de maïs et de salade. Peut-être un peu épicé pour les enfants qui préféreront goûter dans ce cas au *pollo a la brasa* (poulet grillé). Autre adresse dans Upper Manhattan p. 191.
Plats de 16 à 36 $

Shake Shack *(burger)*

691 8th Ave (angle W 44th St) • Ⓜ Times Sq-42 St [N, Q, R, S, W, 1, 2, 3, 7] • 646 435 0135 • tlj 10h30-0h
C Plan p. 68-69 ❷ C3
Voir descriptif p. 174.

John's of Times Square *(italien)*

260 W 44th St (entre 7th et 8th Ave) • Ⓜ Times Sq-42 St [N, Q, R, S, W, 1, 2, 3, 7] • johnspizzerianyc.com • 212 391 7560 • tlj 11h30-23h30
C Plan p. 68-69 ❸ C3
Que diriez-vous d'aller manger dans une église ? C'est en effet dans une ancienne église, où l'on chantait du Gospel que cette pizzeria a élu domicile. Avancez-vous dans la grande salle pour admirer la rosace au plafond qui a été conservée. Il s'agit de la plus grande pizzeria des Etats-Unis. Les pizzas, qu'on partage en famille sur des grandes tables rondes, sont cuites dans quatre grands fours traditionnels. Parfait si vous êtes à la recherche d'un bon restaurant en plein Times Square.
Grande pizza à partager 21$

Junior's *(américain)* YUMMY
1626 Broadway (entre 7th et 8th Ave) • M Times S-42 St [N, Q, R, S, W, 1, 2, 3, 7] • juniorscheesecake.com • 347 699 9715 • tlj 6h30-0h (ve-sa 1h)
C K Plan p. 68-69 ❹ D3
Junior's propose depuis 1949, une carte variée sur laquelle on retrouve tous les plats typiques de la cuisine américaine. Les portions sont très généreuses mais c'est surtout leurs délicieux cheesecakes, considérés souvent comme les meilleurs de la ville, qui ont fait la réputation de cette chaîne new-yorkaise. La décoration des années 50 est aussi à souligner.
CheeseBurger 12,95$, Cheesecake 7,95$, Menu enfant à 9,75$

Bubba Gump Shrimp *(fruits de mer)*
1501 Broadway, sur Times Sq • M Times Sq-42 St [N, Q, R, S, W, 1, 2, 3, 7] • bubbagump.com • 212 391 7100 • tlj 11h-0h (ve-sa 1h)
C K Plan p. 68-69 ❺ D3
Cette chaîne de restaurants de fruits de mer, notamment de crevettes, inspirée par le film *Forrest Gump*, compte 40 adresses dans le monde ; celle-ci possède une vue superbe sur Times Square. Dès l'entrée, on est plongé dans l'ambiance du film. Sachez qu'au cours du repas, les serveurs vous poseront des questions. Alors révisez avant en regardant le DVD !
Plat 19 $, menu enfant (– 10) 8 $

Ellen's Stardust *(diner)*
1650 Broadway (angle W 51st St) • M 50 St [1] • ellensstardustdiner.com • 212 956 5151 • tlj 7h-0h
C K Plan p. 68-69 ❼ D2
Outre son décor au style années 1950 qui va ravir les fans de *diners*, Ellen's Stardust va plaire à toute la famille avec son spectacle assuré par une talentueuse équipe de serveurs-chanteurs. Classiques des shows de Broadway – où certains des serveurs se produisent –, standards américains et même airs d'opéra sont au menu. Vous passerez un bon moment en musique, à des prix très raisonnables. Longues files d'attente parfois mais ça vaut la peine !
Salade 15 $, sandwich avec frites 16 $, menu enfant (- 6) 14,50 $

Burger Joint *(burger)*
119 W 56th St (entre 6th Ave et 7th Ave) • M 57 St-7 Av [Q, R, W], 57 St [F, M] • burgerjointny.com • 21 708 7414 • di-je 11h-23h30, ve-sa 11h-0h
Plan p. 68-69 ❾ D1
Une fois que vous aurez trouvé ce resto, caché derrière le hall d'entrée

de l'hôtel Parker Meridien, le plus dur sera fait. Le menu est simple : burgers, frites, milk-shakes et sodas. Nombreux désignent ce burger comme le meilleur de New York. À vous de juger ! Il est conseillé de venir tôt ou tard (après l'heure du déjeuner des bureaux) car l'attente peut-être très longue.
Burger 9 $

Obicà *(italien)*
590 Madison Ave (angle E 56th Ave) • M 5 Av - 59 St [N, R, W], Lexington Av-59 St [N, R, W, 4, 5, 6] • obica.com • 212 355 2217 • tlj 7h-18h (sa 9h, di 10h)
Plan p. 68-69 11 E1
Si vous êtes amateurs de mozzarella, Obicà est fait pour vous ! La petite boule blanche est déclinée sous toutes ses formes dans ce restaurant installé dans un atrium. On peut choisir de manger au comptoir ou de s'attabler sous les arbres qui ont été plantés pour procurer un peu de verdure aux citadins.
Salade bio 13 $

Five Guys *(burger)*
fiveguys.com
◎ 43 W 55th Street (entre 5th et 6th Ave) • M 5 Av -53 St [E, M], 57 St [F], • 212 459 9600 • tlj 11h-22h
C Plan p. 68-69 10 E1
◎ 36 W 48th St (entre 19th et 20th St) • M 47St-50 St-Rockefeller Ctr [B, D, F, M] • 212 997 1270 • tlj 11h-22h
C Plan p. 68-69 12 E2
Voir descriptif p. 174.

Urbanspace Vanderbilt YUMMY
(food hall)
E 45th St & Vanderbilt Ave • M Grand Central-42 St [4, 5, 6, 7, S] • urbanspacenyc.com • 646 747 0810 • lu-ve 6h-21h, sa-di 9h-17h
Plan p. 68-69 13 E3/F3
Vous allez trouver ici des stands de très bons restaurants tendances des autres quartiers de la ville comme les pizzas Roberta's de Bushwick ou le Lobster de Red Hook. A noter : 2e adresse prévue à l'été 2020 au 152 W 52nd St.

Grand Central Terminal Dining Concourse *(food hall)*
M 42 St - Grand Central [S, 4, 5, 6, 7] • lu-je 6h30-23h, ve-sa 7h-21h, di 11h-18h
Plan p. 68-69 14 F3
Cette immense gare se devait d'avoir un *food hall* gigantesque. Presque toutes les cuisines du monde sont représentées. De nombreux espaces sont prévus pour manger, dont des reconstitutions de wagons. Notre conseil : l'un de vous se charge de garder la table tandis que les autres passent les commandes ! Parmi les enseignes, citons Junior's et ses excellents *cheesecakes*.

Sweetgreen *(bar à salades)*
1114 6th Ave • M 42 St-Bryant Pk [B, D, F, M] • sweetgreen.com • 917 993 5070 • tlj 10h30-22h (sa-di 18h)
Plan p. 68-69 15 E3
Voir descriptif p. 173.

Bareburger *(burgers)*
514 3rd Ave (entre E 34th St et E 35th St) • M 33 St [6] • bareburger.com • 212 679 2273 • tlj 11h-22h30 (ve-sa 23h30, di 22h)
C K Plan p. 68-69 17 F4
Voir descriptif p. 173.

Don's Bogam *(coréen)*
17 E 32nd St (entre 5th Ave et Madison Ave) • M 33 St [6] • donsbogam.com • 212 683 2200 • tlj 11h30-0h
C Plan p. 68-69 18 E5
C'est dans un cadre typique, à la fois élégant et exotique, que vous pourrez déguster des viandes marinées et cuites sur un gril devant vous. Les accompagnements sont variés et frais. Cette formule à partager en famille (un plat de viande peut sans souci nourrir deux personnes) est un amusement garanti pour les enfants. Attention cependant avec certains mets épicés.
BBQ 36 $

Mandoo Bar *(coréen)*
2 W 32nd St (angle 5th Ave) • M 34 St-Herald Sq [B, D, F, M, N, Q, R, W] • mandoobar.net • 212 279 3075 • tlj 11h30-22h
Plan p. 68-69 19 E5
Situé dans le quartier coréen, ce tout petit restaurant familial au décor en bois clair sert de délicieux *mandoos*. Il s'agit de raviolis faits maison, fourrés de viande, de fruits de mer ou de légumes et cuits à la vapeur ou frits. Les enfants s'amuseront à voir les cuisiniers préparer sous leurs yeux, derrière une vitrine, cette délicieuse spécialité coréenne. On y sert aussi des plats végétariens. Évitez d'y aller entre 13h et 14h, car l'endroit est vraiment très petit et vous risquez de devoir attendre très longtemps. Poussettes déconseillées.
Mandoo 5,50 $, soupe 9 $

Ichi Umi *(japonais)*
6 E 32nd St (entre 5th Ave et Madison Ave) • M 33 St [6] • ichiumi.com • 212 725 1333 • tlj 11h30-23h
C Plan p. 68-69 20 E5
Pour les amateurs de cuisine japonaise, voici l'un des meilleurs *All you can eat* (buffet à volonté) de New York. Si vous n'aimez pas le poisson cru, vous pouvez vous rabattre sur les brochettes *(yakitori)*. Attention, l'établissement se réserve le droit de facturer la nourriture non consommée dans les assiettes.
Déjeuner 19 $ (25 $ le we), dîner 32 $ (35 $ le we), menu enfant (- 1,37 m) demi-tarif

Chipotle *(mexicain)*
464 Park Ave S (entre 31st St et St) • M 33 St [6] • chipotle.com • 212 689 0305 • tlj 10h45-22h
C K Plan p. 68-69 21 F5

Fast-food mexicain qui se démarque par la qualité de ses produits issus de l'agriculture locale ou bio. Les plats sont préparés directement devant vous. Un plateau enfants est proposé avec deux tacos, deux ingrédients au choix, du du riz et du guacamole, ainsi qu'une petite brique de lait.

GOÛTER

Magnolia Bakery

1240 6th Ave (angle W 49th St) • Ⓜ 47 - 50 Sts-Rockefeller Ctr [B, D, F, M] • magnoliabakery.com • 212 767 1123 • lu-je 7h-22h (ve 0h), sa 8h-0h, di 8h-22h

Plan p. 68-69 ⑥ D2

Vente à emporter uniquement pour cette enseigne de cupcakes. Autres adresses en version salon de thé à retrouver dans Downtown p. 183 et Upper Manhattan p. 193.

PIQUE-NIQUES

Pier 86

Entre 12th Ave et W 46 St • Ⓜ 50 St [C, E]

Plan p. 68-69 ⑧ A2

Les quais de l'Hudson (*piers*) sont bien équipés pour passer un moment en famille. Vous y trouverez quelques bancs, des points d'eau et (chose très appréciable!) des sanitaires. Ce *pier*, situé juste à côté du porte-avions l'Intrepid (p. 83), permet d'aller se restaurer avant ou après la visite.

Bryant Park

42nd St (entre 5th Ave et 6th Ave) • Ⓜ Grand Central-42 St [4, 5, 6, 7], Bryant Pk [B, D, F, M, S]

Plan p. 68-69 ⑯ E3

Pour rappeler la France, avec qui Bryant Park entretient une relation toute particulière, les tables et les chaises sont en fer forgé comme dans les jardins publics français. Cocorico ! Comme vous pourrez le constater, à l'heure du déjeuner, le parc est très fréquenté par les employés des bureaux situés aux alentours.

UPPER MANHATTAN

RESTAURANTS

Whole Foods (*supermarché*)

wholefoods.com

◎ 10 Columbus Circle (angle 8th Ave et Broadway) • Ⓜ 59 St - Columbus Circle [A, B, C, D, 1] • 212 823 9600 • tlj 7h-23h

Ⓒ Plan p. 90-91 ① B8

◎ 808 Columbus Avenue (entre 97th St et 100th St) • Ⓜ 96 St [B, C, D, 1, 2, 3] • 212 222 6160 • tlj 7h-23h

Ⓒ Plan p. 90-91 ⑲ B3

Voir descriptif p. 175.

Le Pain Quotidien (*sur le pouce*)

lepainquotidien.com

◎ W 69th St, au nord de Sheep Meadow • Ⓜ 72 St [B, C] • 646 233 3768 • tlj 7h-16h

Ⓒ Plan p. 90-91 ③ C7

E 74 St, à côté de Conservatory Water • M 77 St [6] • 646 939 0020 • tlj 7h-16h
C Plan p. 90-91 29 D6
Tous deux sont dans Central Park. Le premier a un comptoir et une partie restaurant. Le second ne propose que des ventes à emporter à consommer sur les tables à l'extérieur devant le bassin et ses jolis petits bateaux télécommandés.
Plat 12$, Mini pancakes 6,99$

Chipotle *(mexicain)*
269 Amsterdam Ave (Entre W 72nd St et W 73nd St) • M 72 St [B, C] • chipotle.com • 212 580 6058 • tlj 10h45-22h
C Plan p. 90-91 6 B6
Voir descriptif p. 188.

The Loeb Boathouse - Central Park *(américain)*
Dans Central Park, entre E 72nd St et Park Drive North • M 5 Av-59 St [N, R, W] • thecentralparkboathouse.com • 212 517 2233 • tte l'année : lu-ve 12h-15h45 (déjeuner), sa-di 9h30-15h45 (brunch) ; avr-nov (dîner) ; lu-ve 17h30-21h, sa-di 18h-21h
C K Plan p. 90-91 8 C6
Niché au cœur de Central Park au bord du lac, ce restaurant est composé, d'un côté, d'un Express Café (menu simple et abordable) de l'autre du Lakeside Restaurant (plus sophistiqué, salades composées, filet de bœuf, rack d'agneau ou de porc). Pensez impérativement à réserver car le lieu est très prisé à la belle saison.
Burger 26 $ (Lakeside Restaurant)

Shake Shack *(burger)*
shakeshack.com
366 Columbus Ave (angle W 77th St) • M 81 St [B, C] • 646 747 8770 • tlj 10h30-23h
C Plan p. 90-91 10 B6
154 East 86th St (Entre Lexington Ave et 3rd Ave) • M 86 St [4, 5, 6, Q] • 646 237 5035 • tlj 10h30-23h (ve-sa 0h)
C Plan p. 90-91 24 D4
Voir descriptif p. 174.

5 Napkin Burger *(burger)*
5napkinburger.com
2315 Broadway (angle W 84th St) • M 86 St [1] • 212 333 4488 • tlj 11h30-0h (sa-di 11h)
C Plan p. 90-91 16 A5
1325 2nd Ave (angle E 70th St) • M 72 St [Q] • 212 249 0777 • lu-ma 11h30-22h, me-ve 11h30-23h, di 11h-22h
C Plan p. 90-91 33 E7
Ambiance *diner* moderne avec banquettes en cuir et sol en damiers pour ces deux restaurants de burgers. La viande est de qualité et les proportions correctes pour le prix. Une carte spéciale est proposée pour

les enfants et pour les occuper, des jeux et coloriages sur les sets de table.
Burger 13,50 $

Luke's Lobster *(fruits de mer)*
lukeslobster.com
426 Amsterdam Ave (entre W 80th St et W 81st St) • M 79 St [1] • 212 877 8800 • tlj 11h-22h (ve-sa 23h)
Plan p. 90-91 13 B5
242 E 81st St (entre 2nd Ave et 3rd Ave) • M 77 St [6], 86 St [4, 5, 6] • 212 249 4241 • tlj 11h-22h (ve-sa 23h)
Plan p. 90-91 26 E5
Voir descriptif p. 174.

Barney Greengrass *(poisson fumé)*
541 Amsterdam Ave (entre 86th et 87th St) • M 86 St [B, C, 1] • barneygreengrass.com • 212 724 4707 • tlj 8h30-16h (sa-di 17h)
Plan p. 90-91 17 B4
Cette enseigne, qui date de 1908, est à la fois un restaurant et une épicerie fine. Souvent vu dans des films et fréquentés par de nombreuses célébrités, le “roi de l'esturgeon” est réputé pour ses poissons fumés maison qui fondent dans la bouche. Les formules de plateaux de poissons fumés sont assez chères mais, pour les amateurs, le jeu en vaut la chandelle ! Par ailleurs, le tarif inclut une formule complète avec des garnitures et un *bagel* au choix. L'endroit est idéal pour un brunch; les *kids* vont craquer pour les *french toasts* (pains perdus made in USA). Attention, le restaurant est petit et il peut y avoir de l'attente.
Plateau de poissons fumé 33 $

Pio Pio *(péruvien)*
702 Amsterdam Ave (angle 94th St • M 96 St [1, 2, 3] • piopio.com • 212 665 3000 • tlj 11h-23h (ve-sa 0h)
C Plan p. 90-91 18 B3
Voir descriptif dans Midtown p. 185.

Papaya King *(hot dogs)*
179 E 86th St (angle 3rd Ave) • M 86 St [Q, 4, 5, 6] • papayaking.com • 212 369 0648 • tlj 8h-0h
Plan p. 90-91 23 E4
Pour goûter de vrais hot dogs new-yorkais sans s'en remettre au petit bonheur la chance, Papaya King est une adresse 100 % fiable. Créé en 1932 par un Grec, l'endroit est qualifié par des critiques comme faisant le meilleur hot dog de New York ! Comme il n'y a ni tables ni chaises, dévorez votre butin dans la rue. Grand choix de jus de fruits frais et exotiques.
Hot dog combo 6 $

H&H Midtown Bagels East *(bagels)*
1551 2nd Ave (entre E 80th St et E 81st St) • M 77 St [6], 86 St [4, 5, 6, Q] • hhbagels.nyc • 212 734 7441 • tlj 6h-20h
Plan p. 90-91 27 E5
Pour un en-cas rapide, testez les fameux *bagels*, ces petits pains ronds d'origine d'Europe de l'Est, toujours très frais et servis avec

13 déclinaisons du traditionnel *cream cheese* (fromage frais). Cartes de crédit non acceptées.
Bagel avec garniture 3 $.

JG Melon *(américain)*
1291 3rd Ave (angle 74th St) • M 77 St [6] • jgmelon-nyc.com • 212 744 0585 • tlj 11h30-3h (je -sa 4h, di 1h)
Plan p. 90-91 30 E6
Au cœur de l'Upper East Side, un décor qui semble n'avoir pas changé depuis des décennies avec ses nappes de coton à damier vert. Très fréquenté par les élèves des écoles privées avoisinantes, JG Melon est un tout petit restaurant avec un menu limité aux classiques américains, dont des burgers simples, mais délicieux, et de belles salades.
Burger 11 $, salade 15 $

EJ's Luncheonette *(diner)*
1271 3rd Ave (angle E 73rd St) • M 77 St [6] • ejsluncheonette.com • 212 472 0600 • tlj 8h-22h
C K Plan p. 90-91 31 E6
Classique *diner*, dans toute sa splendeur, avec un décor semblant sortir tout droit d'un film des années 1950. Vous trouverez au menu des *wafles* (gaufres), des *pancakes*, des *french toasts* (pain perdu), des burgers et des milk-shakes. Cartes de crédit non acceptées.
Salade 16,50 $, burger 12,50 $

Bareburger *(burger)*
1370 1st Ave (angle 73rd St) • M 77 St [6] • 212 510 8559 • tlj 11h-21h30 (ve-sa 22h30)
C K Plan p. 90-91 32 E6
Voir descriptif p. 173.

The Plaza Food Hall *(food hall)*
768 5th Ave (entre 58th Ave et 59th St) • M 5 Ave-59 St [N, R, W] • theplazany.com • 212 759 3000 • lu-sa 8h-21h, di 10-20h
Plan p. 90-91 36 D8
Au niveau inférieur du Plaza Hotel se trouve un atrium somptueux pour déjeuner ou goûter. Idéal pour s'abriter par temps froid et pluvieux. Les mets gastronomiques variés que propose cet établissement permettent de satisfaire tous les appétits : sandwiches au homard, crêpes composées, sushis, pâtisseries... Faites votre choix et prenez place autour de l'une des nombreuses tables. Mais attention, vous aurez peut-être à attendre un peu avant qu'une se libère.

Sarabeth's *(américain)*
40 Central Park South (entre 5th et 6th Ave) • M 5 Av-59 St [N, R, W] • sarabeth.com • 212 826 5959 • tlj 8h-23h
C K Plan p. 90-91 37 C8

C'est le lieu idéal pour bruncher le week-end en bénéficiant de la vue sur Central Park (service de 8h à 16h). En revanche, pas de réservation possible, attendez-vous donc à une longue file d'attente. Autre adresse dans Lower Manhattan p.176.
Pancakes 21 $, menu déjeuner 34 $

GOÛTERS

Magnolia Bakery

200 Columbus Ave (angle W 68th St) • M 72 St [B, C, 1, 2, 3] • magnoliabakery.com • 212 724 8101 • tlj 7h30-22h (ve-sa 0h)
Plan p. 90-91 4 B7
Autre adresse de cette chaîne de *cupcakes*. Voir descriptif dans Downtown p. 183.

Pinkberry

2041 Broadway (entre W 70th St et W 71st St • M 72 St [1, 2, 3] • pinkberry.com • 212 580 3410 • tlj 11h-22h (ve-sa 23h)
Plan p. 90-91 5 B6/B7
Voir descriptif p. 174.

Alice's Tea Cup

alicesteacup.com
◎ 102 W 73rd St (entre Columbus Ave et Amsterdam Ave) • M 72 St [B, C, 1, 2, 3] • 212 799 3006 • tlj 8h-20h
Plan p. 90-91 7 B6
◎ 156 E 64th St • M Lexington Av-63 St [F, Q] • 212 486 9200 • tlj 8h-20h
Plan p. 90-91 34 D8
Décor inspiré du conte pour cette petite chaîne de salons de thé qui part du principe que le thé et les *scones* devraient pouvoir être servis à n'importe quel moment de la journée. Une bien bonne idée !

Levain Bakery

YUMMY

levainbakery.com
◎ 167 W 74th St (entre Columbus Ave et Amsterdam Ave) • M 72 St [1, 2, 3] • 917 464 3769 • lu-sa 8h-19h, di 9h-19h
Plan p. 90-91 9 B6
◎ 351 Amsterdam Ave (entre W 76th St et W 77th St) • M 86 St [4, 5, 6, Q] • 917 464 5578 • tlj 7h-21h
Plan p. 90-91 11 B6
◎ 1484 3rd Ave (angle E 84th St) • M 86 St [Q, 4, 5, 6] • 917 464 5578 • tlj 8h-21h
Plan p. 90-91 25 D5/E5
Pour les amateurs de cookies, cette chaîne est tout simplement incontournable. Les biscuits sont cuits tout au long de la journée, servis tout chauds avec le cœur encore moelleux.

Beard Papa's

2167 Broadway (entre 76th St et 77th St) • M 72 St [1, 2, 3], 79 St [1] • beardpapa.com • 212 799 3770 • tlj 10h-21h
Plan p. 90-91 12 A6
Ici, le concept est simple : on choisit une mini-coquille en pâte à choux, chocolatée ou style Paris-Brest, et on la remplit avec une crème pâtissière vanille ou goût du jour (thé vert, choco, pomme, etc.). On peut aussi

essayer les *mochis*. Originaires du Japon, ces petites boules de crème glacée enrobées de pâte de riz sont à manger avec les doigts, les enfants vont adorer... et les parents aussi ! Une dizaine de parfums au choix.

Café Lalo

201 W 83rd St (entre Amsterdam Ave et Broadway) • M 79 St [1], 81 St [B, C] • cafelalo.com • 212 496 6031 • tlj 9h-1h (ve-sa 3h)
Plan p. 90-91 (15) B5

Ce lieu a le charme et la décoration d'un bistrot parisien. Pourtant, on y sert des pâtisseries typiques américaines et le choix est impressionnant ! Laissez-vous tenter par une part de *carrot cake*, d'*apple pie* ou de *cheesecake* déclinés dans tous les parfums. Si vous passez devant le soir, vous verrez le trottoir illuminé par des petites guirlandes lumineuses lui donnant des allures féeriques.

YUMMY

Lady M

41 E 78th St (entre Madison et Park Ave) • M 86 St [4, 5, 6] • ladym.com • 212 452 2222 • lu-ve 10h-19h, sa 11h-19h, di 11h-18h
Plan p. 90-91 (28) D5

La pâtisserie Lady M est surtout connue pour ses merveilleux mille-crêpes, un délicieux gâteau composé de 20 crêpes fines et de différentes sortes de crèmes. Elle sert également des gâteaux à la fraise ou encore des cheesecakes aux goûts originaux. Tout ceci dans un décor sobre et chic.

Sprinkles

780 Lexington Ave (entre 60th St et 61st St) • M Lexington Av-59 St [N, W, R, 4, 5, 6] • sprinkles.com • 212 207 8375 • lu-sa 9h-22h (ve-sa 23h), di 10-20h
Plan p. 90-91 (35) D8

Une boutique de *cupcakes* pas comme les autres ! Sprinkles propose non seulement des *cupcakes* divinement légers et pas trop sucrés aux saveurs très originales, mais aussi les seuls distributeurs automatiques de cupcakes au monde *(cupcake ATM)*. Comme pour prendre de l'argent à la banque, vous pouvez retirer vos cupcakes frais à la machine à l'aide de votre carte de crédit 24 h/24. À essayer absolument ! Juste à côté, se trouvent également un bar à glaces et une boutique.

PIQUE-NIQUES

Central Park

Étant donné la taille immense du parc (3,40 km^2, environ 4 km sur 800 m), voici quelques-uns de nos endroits préférés pour pique-niquer en famille.

Sheep Meadow

entre W 66th St et W 69th St • M 66 St [1]
Plan p. 90-91 (2) C7

Sur une immense pelouse avec vue sur les tours de Midtown, quelques arbres trônent ici et là. Mais, attention, l'ombre se fait rare. Des toilettes se trouvent juste à côté du Pain quotidien, au nord de la pelouse. Vous pouvez faire le plein de provisions au Whole Foods, situé au 10 Columbus Circle (p. 189).

Great Lawn and Turtle Pond

Entre W 81st et W 86th • M 81 St [B, C]
Plan p. 90-91 14 C5

Cet espace vert, au pied du Belvedere Castle (p. 88), offre de belles pelouses avec de l'ombre ou du soleil. Turtle Pond doit son nom à la présence de nombreuses tortues. Le *food truck* des Waffles and Dinges, souvent dans les parages, permet de savourer de bonnes gaufres. Accès à des sanitaires sous l'amphithéâtre central.

The Pool

Entre W 102 St et W 103rd St • M 103 St [B, C]
Plan p. 90-91 20 C2

Cet endroit est très agréable, surtout lors des fortes chaleurs qui sévissent durant l'été. En effet un peu d'air frais circule en permanence tout autour de ce petit lac. Un vrai bonheur !

Harlem Meer

Central Park North, à hauteur de la 110th St • M Central Pk North -110 St [2,3]
Plan p. 90-91 21 C1

Situé à l'extrémité nord de Central Park, ce plan d'eau (*meer* voulant dire "petite mer" en néerlandais) offre ses rives ombragées et tranquilles aux badauds.

Conservatory Garden

À hauteur de E 104th St • M 103 St [6]
Plan p. 90-91 22 C2/D2

Le *spot* assurément le plus chic de Central Park, mais aussi le moins connu. De beaux jardins aménagés et fleuris toute l'année vont vous servir de cadre pour ce déjeuner bucolique. Hélas, ce ne sera pas un déjeuner sur l'herbe, car la plupart des pelouses sont interdites. Il vous faudra donc tenir vos petits sur les bancs ou dans les allées. L'entrée se fait par le magnifique portail Vanderbilt.

BROOKLYN

RESTAURANTS

Dinosaur Bar-B-Que *(BBQ)*

604 Union St (entre 3rd Ave et 4th Ave) • M Union St [D, N, R] • dinosaurbarbque.com • 347 429 7030 • tlj 11h30-23h (ve-sa 0h, di 22h)
C K Plan p. 114-115 2 D4

Rassurez-vous les enfants, on ne

mange pas du Dinosaure, mais des travers de porc *(ribs)* avec une sauce dont la maison a le secret. Attention, les portions sont gargantuesques. Le décor *Far West* est très réussi.
BBQ 12 $, menu enfant 6,59 $

Fornino *(pizza)*

Pier 6, Brooklyn Bridge Park •
M Borough hall [2, 3, 4, 5] •
fornino.com • 718 422 1107 •
printemps/été : lu-ve 12h-18h,
sa-di 11h-19h
Plan p. 114-115 3 A3

Cette fameuse pizzeria possède trois adresses dans Brooklyn. Celle du Brooklyn Bridge Park a la particularité d'avoir un *rooftop* (attention, cependant, il n'est pas toujours ouvert). Déguster une délicieuse pizza en admirant la statue de la Liberté et Lower Manhattan... Ça mérite un selfie ! Les pizzas sont cuisinées avec des combinaisons originales d'ingrédients savoureux et la pâte est fine et croustillante.
Petite pizza 10 $, grande pizza 18 $

Grimaldi's *(pizza)*

sous le Brooklyn Bridge, 1 Front St
(angle Front St et Old Fulton St) •
M High St [A, C], Clark St [2, 3],
York St [F] • grimaldispizzeria.com •
718 858 4300 • tlj 11h30-23h
(ve-sa 0h)
C K Plan p. 114-115 7 A1

L'une des plus célèbres pizzerias de New York. Certes, il y a toujours une longue file d'attente mais c'est plutôt rapide. Les pizzas sont simples, mais bien préparées et cuites au charbon de bois. Elles sont accommodées de différentes garnitures *(toppings)*, dont la préférée des Américains : le *pepperoni*, une sorte de chorizo peu épicé. Attention, les cartes de crédit ne sont pas acceptées.
Petite pizza 16 $, grande pizza 18 $

Shake Shack *(burger)*

YUMMY

1 Old Fulton St (angle Water St) •
M High St [A,C], York St [F] •
shake shack.com • 347 435 2676 •
tlj 11h-22h
C Plan p. 114-115 6 A1

Voir descriptif p.174.

Time Out Market *(food hall)*

55 Water St • M High St [A, C],
York St [F] • timeoutmarket.com •
917 810 4855 • di-je 8h-22h,
ve-sa 8h-23h
Plan p. 114-115 8 A1

Imaginez un lieu qui réunit les meilleurs restaurants sous un même toit en plein coeur du Brooklyn Bridge Park ! C'est le pari fou que s'est lancé Time Out, un magazine culturel gratuit distribué tous les jeudis dans les rues de New York, en regroupant 21 comptoirs et 3 bars dans un vieux bâtiment en briques, datant de 1869, où étaient entreposés autrefois du tabac, du café et du thé. Et en bonus : une terrase au 5e etage avec superbe vue sur l'East River et la skyline de Manhattan, accessible par l'ascenseur au milieu du centre commercial.

Sweetgreen *(bar à salades)* YUMMY
55 Washington St (entre Water St et Front St) • M High St [A, C], York St [F] • sweetgreen.com • 347 757 4900 • tlj 10h30-22h (sa-di 21h)
Plan p. 114-115 9 B1
Voir descriptif p. 173.

Bogota Latin Bistro *(colombien)*
141 5th Ave (entre Lincoln et St John's Pl) • M Union St [D, N, R], Bergen St [2, 3, 4] • bogotabistro.com • 718 230 3805 • lu-ve 11h-23h (ve 1h), sa 10h-1h, di 10h- 23h
C K Plan p. 114-115 10 E4
Si vous voulez découvrir la cuisine colombienne, vous êtes à la bonne adresse ! Les plats sont originaux, variés et savoureux. L'établissement est assez grand pour accueillir toute la famille. Le menu *kids* propose un large choix de plats.
Empañada 4 $, Colombian platter 23 $

Pies'N' Thighs *(américain)*
166 S 4th St (angle de Driggs Ave) • M Marcy Av [J, M, Z] • piesnthighs.com • 347 529 6090 • lu-ve 10h-23h (ven 0h), sa-di 9h-0h
C Plan p. 114-115 12 F3
Ce restaurant sert une savoureuse *Southern food* (cuisine typique du sud des États-Unis). L'endroit paraît petit de prime abord, mais il y a en fait trois salles qui se succèdent – la dernière est un... garage aménagé. Plutôt original ! Les biscuits faits maison sont délicieux et le *chicken and waffles* (poulet frit avec des gaufres) une tuerie ! Si vos bambins crient famine, pensez à la formule à emporter pour éviter l'attente et les «on a faaaaaim» !
Chicken and waffles 13,50 $

Baci & Abbraci *(italien)*
204 Grand St (entre Bedford et Driggs Ave) • M Bedford Av [L] • baciny.com • 718 599 6599 • tlj 17h-23h (ve-sa 0h), dej sa-di 12h-16h, fermé le ma
C Plan p. 114-115 13 F2
Une cuisine italienne savoureuse, authentique et abordable. Le service est très amical et attentif. Pour le dîner en semaine, un brunch ou le *lunch* le week-end, vous serez bien accueilli avec vos *bambini*. Bonne nouvelle, il est assez facile d'obtenir une table. En prime, un petit patio à l'arrière pour profiter des rayons de soleil.
Pâtes 14 $, pizza 13 $, brunch 10 $

Egg *(brunch)*
109 N 3rd St (Berry St et Wythe Ave) • M Bedford Av [L] • eggrestaurant.com • 718 302 5151 • lu-ve 7h-17h (ma 15h), sa-di 8h-17h
C Plan p. 114-115 14 F2
Egg en anglais signifie oeuf. Vous aurez

donc deviné la spécialité de la maison. Idéal pour un brunch en famille, ce restaurant, situé dans le quartier de Williamsburg, vous propose les oeufs sous toutes leurs formes (*scrambled*=brouillé, *poached*=poché, *sunny side*=oeuf sur le plat...). Réservation recommadée.
Œufs 12$, Pancakes 13,5$

The Meatball Shop *(américain)*
170 Bedford Ave (entre N 7th St et N 8th St) • M Bedford Av [L] • themeatballshop.com • 718 551 0520 • lu-je 11h30-1h, ve-sa 11h30-2h, di 11h30-0h
C Plan p. 114-115 15 F2
Voir descriptif p. 174.

Café Mogador *(marocain)*
133 Wythe Ave (entre N 7th et N 8th St) • M Bedford Av [L] • themeatballshop.com• 718 551 0520 • tlj 9h-0h15 (ve-sa 1h15)
C Plan p. 114-115 16 F2
Si vous avez envie d'exotisme, voici une bonne adresse. Ce restaurant marocain vous changera en effet des burgers. Ambiance sympa et chaleureuse pour un repas en famille. La salle est spacieuse, le service accueillant et il y a un patio fermé à l'arrière.
Tagine 21$

Smorgasburg *(food hall)*
90 Kent Ave (angle de Driggs Ave) • M Bedford Av [L] • smorgasburg.com • printemps-été : sa 11h-18h
Plan p. 114-115 18 F2
En manque d'inspiration pour aller croquer en bout en famille un samedi ? Voici une expérience culinaire originale sur les bords de la rivière avec vue sur Manhattan. Smorgasburg ressemble à un marché avec ses mini-stands de restaurants qui proposent un vaste choix de spécialités, dont certaines ne manquent pas d'originalité.
Un vrai festival de goûts dans une atmosphère joyeuse. Hélas, ce n'est ouvert qu'au printemps et en été.
Ramen burger 10 $, donut 3 $

GOÛTERS

Brooklyn Farmacy & Soda Fountain
513 Henry St (entre Union et Sackett St)• M Carool St ou Bergen St [F, G] • brooklynfarmacyandsodafountain.com • 718 522 6260 • lu-ve 11h-22h (ve 23h), sa 10h-23h, di 10h-22h
Plan p. 114-115 1 B4
Voici un lieu qui semble sorti d'un autre temps. Avec ses étagères en bois sur lesquelles sont exposés des objets d'époque, cette ancienne pharmacie convertie en café-restaurant vous charmera. Une atmosphère amusante pour les enfants. Parmi ses spécialités : la boule glacée dans le soda *(ice-cream floats)*. Les *sundaes* et milk-shakes, gargantuesques et délicieux, portent des noms originaux comme “My Cherie Amour” ou “Bandana Split” !

Ample Hills Creamery

amplehills.com
623 Vanderbilt Ave (entre Prospect Pl et St Marks Ave) • M 7 Av [B, Q] • 347 240 3926 • tlj 12h-22h (ve 23h)
Plan p. 114-115 19 hors plan par F1
1 Water Street (angle Old Fulton St) • M High St [A, C] • 718 874 2483 • tlj 12h-21h30 (ve-sa 22h)
Plan p. 114-115 5 A1

Voici deux adresses incontournables pour les amateurs de glaces. Ne ratez sous aucun prétexte celle située dans le Brooklyn Bridge Park, installée dans une ancienne petite caserne de pompiers. Un musée au second étage vous permet de profiter d'une jolie vue.

Bakeri

150 Wythe Ave (entre N 8th et N 7th St) • M Bedford Av [L] • bakeribrooklyn.com • 718 388 8037 • lu-ve 7h-19h, sa-di 8h-19h
Plan p. 114-115 17 F2

Une petite boulangerie joliment décorée où vous pourrez acheter des *scones*, *muffins*, *pecan pie*, cookies… Il y a le choix ! Profitez du petit jardin à l'arrière s'il y a de la place.

PIQUE-NIQUES

Brooklyn Bridge Park

M High St [A, C], York St [F]
Plan p. 114-115 4 A2

Un endroit idéal pour déjeuner dans un décor de carte postale avec un panorama magnifique sur le quartier financier et les ponts de New York, et au loin la statue de la Liberté. L'ambiance et la vue varient selon les endroits où vous êtes. Coup de coeur pour la petite plage en face du carrousel qui jouit d'une vue incroyable.

Prospect Park

M Grand Army Plaza [2, 3], Eastearn Parkway-Brooklyn Museum [2, 3], Prospect Pk, [B, Q, S], Parkside Av [Q], 15 St/Prospect Pk [F, G]
Plan p. 114-115 11 H5

Après votre visite du Brooklyn Museum ou du Brooklyn Botanic Garden, vous apprécierez de vous installer au vert pour déjeuner. C'est un parc sauvage et pas trop fréquenté.

McCarren Park

M Bedford Av [L]
Plan p. 114-115 20 G1

Implanté entre Williamsburg et Greenpoint, ce parc est idéal pour une pause pique-nique avec de jeunes enfants car il est situé près d'un *playground*. Et si vous avez envie d'aller piquer une tête, une immense piscine de 3500 m^2, en plein-air est à votre disposition.

On a cassé la tirelire

L'Amérique est le pays de la démesure et New York en est sa plus parfaite illustration. Tout est fait ici pour attiser vos envies de shopping. Il y a régulièrement des soldes et de bonnes affaires à faire sur toutes les marques, notamment celles plébiscitées par les adolescents (UGG, Abercrombie & Fitch, Hollister, Superdry). Les amateurs de look cool se plairont à dévaliser les rayons des boutiques de sportswear. Et, histoire de changer des enseignes internationales qui ont envahi nos trottoirs, vous pourrez trouver dans nos pages des marques typiquement américaines. N'oubliez pas que tous les prix affichés s'entendent hors taxes et qu'il vous faudra donc ajouter 8,875 %. Bonne nouvelle, les chaussures et vêtements de moins de 110-111 $ sont exempts de taxe. Brooklyn ne manque pas de boutiques branchées et originales pour changer des marques connues. Nos adresses préférées sont signalées par un WOW qui veut dire "génial".

LOWER MANHATTAN

Entre vos visites de Wall Street et de la statue de la Liberté, laissez-vous du temps pour profiter des opportunités shopping que propose ce quartier. Vous y découvrirez notamment Century 21, le célèbre dÉgriffeur, mais aussi les enseignes chics du World Trade Center ou celles de South Street Seaport et Brookfield Place.

OMG The Jeans Store *(mode)*
408 Broadway (entre Walker St et Canal St) • M Canal St [A, C, E, J, N, Q, R, W, Z, 1, 6] • omgjeans.com • 212 966 6620 • lu-sa 9h30-21h, di 10h-20h
Plan p. 44-45 8 D1
Cette chaîne est consacrée aux jeans pour toute la famille. Le choix de marques et de modèles est si large qu'il en donnerait le vertige ! Les prix sont quasiment imbattables. Vous trouverez aussi des hauts, des chaussures et des accessoires.
Voir aussi Dowtown p. 205. WOW

Shops at the Oculus *(mode)*
185 Greenwich St (angle Fulton St) • M World Trade Center [E], WTC Cortlandt [1], Cortlandt [R,W], Fulton St [A,C,J,Z,2,3,4,5] • westfield.com/westfieldworldtradecenter • 212 284 9982 • lu-sa 10h-21h, di 11h-19h
Plan p. 44-45 2 C2/C3
En plein coeur du World Trade

Center, plus de 80 enseignes sont regroupées sous cet impressionnant bâtiment blanc à la forme d'une colombe prenant son envol. Faites attention à votre porte monnaie car les boutiques étant un peu chics, ce sont plutôt vos billets qui pourraient prendre leur envol !

Century 21 *(mode)*
22 Cortland St (entre Church St et Broadway) • Ⓜ Cortland St [R, W], Fulton St [4, 5] • c21stores.com • 212 227 9092 • lu-ve 7h45-21h (je-ve 21h30), sa 10h-21h, di 11h-20h
Plan p. 44-45 ③ C3
Ce temple du discount offre des rabais sur les grandes marques américaines (Calvin Klein, Ralph Lauren, Nautica, Samsonite...). Bonnes affaires en vue ! Voir aussi Upper Manhattan p. 217.

Superdry *(mode)*
22 Fulton St (dans South Street Seaport) • Ⓜ Fulton St [A, C, J, Z, 2, 3, 4, 5,] • superdry.com • 646 274 3616 • tlj 10h-20h
Plan p. 44-45 ④ D3
Cette marque anglaise, fondée par deux amis après un voyage au Japon, mixte subtilement esprit vintage et graphisme japonais donnant une gamme vestimentaire de style unique, moderne et de bonne qualité. L'adresse à ne pas manquer par ceux qui aiment les activités de snowboard et le sportswear !

Monica + Andy *(mode)*
230 Vesey Street (dans Brookfield Place • Ⓜ WTC Cortlandt [1], Cortlandt [R,W], WTC[E] • monicaandandy.com • 646 574 9118 • lu-sa 10h-20h, di 12-18h
Plan p. 44-45 ① C3
Adorables vêtements pour enfants jusqu'à 8 ans et pour femmes enceintes dans cette jolie enseigne, créée par une maman qui souhaitait avoir le contrôle sur les matières en contact avec la peau de sa fille. Les textiles utilisés sont donc certifiés biologiques.

Balloon Saloon *(loisirs)*
133 W Broadway (entre Thomas St et Duane St) • Ⓜ Chambers St [1, 2, 3], Franklin St [1] • balloonsaloon.com • 212 227 3838 • tlj 9h-19h
Plan p. 44-45 ⑦ C1
Cet étonnant magasin est entièrement dédié aux ballons gonflables, de toutes formes et de toutes couleurs. Votre enfant rêve d'un animal de compagnie, mais vous êtes réticent ? Alors, pourquoi ne pas lui offrir la version... gonflable *(balloon pet)* !

NYC Citystore *(cadeaux)*
1 Centre St, North Plaza (angle Chambers St et Park Row) • M Brooklyn Bridge-City Hall [4,5,6] • a856-citystore.nyc.gov • 212 386 0007 • lu-ve 10h-17h
Plan p. 44-45 6 D2
Boutique officielle de la ville de New York pour rapporter des souvenirs et des cadeaux portant les sigles de la ville (casquettes, tee-shirts, tasses).

Bowne & Co., Stationers *(papeterie)*
211 Water St (dans South Street Seaport) • M Fulton St [2,3,4,5,J,Z] • southstreetseaportmuseum.org/water-street/bowne-co-stationers/ • 646 315 4478 • tlj 11h-19h
Plan p. 44-45 5 D3
Cette imprimerie fait partie du musée de South Street Seaport (p. 49) et propose des souvenirs originaux dans un décor du 19ème siècle.

DOWNTOWN

Les jolis blocs ombragés de l'East Village et de Greenwich Village foisonnent de petites boutiques indépendantes qui contrastent avec les enseignes haut de gamme, souvent internationales, de Broadway. Les rues pavées de SoHo abritent quant à elles des marques branchées, notamment autour de Spring St et Prince St, faisant le bonheur des fashionistas.

Urban Outfitters *(mode)*
526 Ave of the Americas (angle W 14th St) • M 14 St [F,M,1,2,3], 6 Av [L] • urbanoutfitters.com • 6466381646 • lu-sa 10h-22h, di 11-21h
Plan p. 56-57 5 D2
Enseigne éclectique où l'on trouve des tee-shirts vintage, des tuniques fleuries, des jeans G-Star RAW, Lee, Levi's... mais aussi des chemisiers qui pourraient être sortis d'une garde-robe des années 1950. Sans oublier des accessoires rétro, des livres et des gadgets. Nombreuses enseignes dans tout Manhattan.

Levi's *(mode)*
us.levi.com
◎ 25 W 14th St (entre 5th Ave et 6th Ave) • M 6 Av [L], 14 St [1,2,3,F,M] • 212 242 2128 • lu-sa 10h-21h, di 11h-20h
Plan p. 56-57 7 D2
◎ 495 Broadway (entre Spring St et Broome St) • M Spring St [6], Prince St [R,W] • 646 613 1847 • lu-sa 9h-21h, di 10h-20h
Plan p. 56-57 35 E5
Dans ses magasins de Manhattan, Levi's ne propose pas de vêtements destinés aux *kids*. Vous les trouverez plutôt dans les boutiques de dégriffés. Voir aussi Midtown p. 213.

Gap Kids & Gap Baby *(mode)*
122 5th Ave (entre W 18th et W 19th St) • M 14 St-Union Sq [N, Q, R, W, L, 4, 5 6], 23 St [R, W, 6] • gap.com • 917 408 5580 • lu-sa 9h30-21h (sa 10h), di 11h-20h
Plan p. 56-57 9 D2
La mode Gap version junior. Voir aussi Midtown p. 212 et Upper Manhattan p. 217.

Burlington Coat Factory *(mode)*
707 6th Ave (entre W 22nd St et W 23rd St) • M 23 St [F, M] • burlington.com • 212 229 1300 • tlj 8h30-22h (ve-sa 22h30)
Plan p. 56-57 12 D1
Le décor est réduit à sa plus simple expression, mais les prix défient toute concurrence. Les rayons enfants et hommes sont en général les plus intéressants. N'hésitez pas à farfouiller, car on peut trouver de très bonnes affaires comme des jeans Levi's taille enfant pour moins de 10 $! À ce prix, on peut être indulgent sur le décor de la boutique !

Paragon Sports *(mode)*
867 Broadway (entre E 17th St et E 18th St) • M 14 St-Union Sq [N, Q, R, W, L, 4, 5, 6] • 212 255 8036 • paragonsports.com • lu-ve 10h-20h30, sa 10h-20h, di 11h-19h
Plan p. 56-57 16 E2
Cet immense magasin est une véritable institution pour les New-Yorkais depuis 1908. Il regroupe tout ce qui existe en matière d'articles de sport pour toute la famille. Plus d'une centaine de marques y sont revendues.

Flight Club *(mode)*
812 Broadway (entre 12th St et 10th St) • M 3 Av [L], Astor Place [6] • flightclub.com • 888 937 8020 • tlj 11h-20h
Plan p. 56-57 20 E3
Ce magasin foisonne de rayons qui regorgent de déguisements, de ballons, de décoration en tout genre... bref on trouve tout pour faire la fête ! Et si vous êtes à New York pour Halloween, c'est l'endroit à ne pas rater pour se faire un look d'horreur.

OMG The Jeans Store *(mode)*
678 Broadway (entre Bond St et Great Jones St) • M Bleecker St [6], Broadway-Lafayette [B, D, F, M] • omgjeans.com • 212 979 1977 • lu-sa 9h-21h, di 10h-20h
Plan p. 56-57 23 E4
Voir descriptif p. 202.

Kith *(mode)*
337 Lafayette St (entre Bleecker St et Bond St) • M Bleeker St [6], Broadway-Lafayette [B, D, F, M] • kith.com • 646 648 6285 • lu-sa 10h-21h, di 11h-20h
Plan p. 56-57 25 E4
Ici le *sportswear* règne en maître absolu. Pour enfants, femmes et hommes, du vêtement à la chaussure, du *sportswear*, et encore du *sportswear* ! Mais attention, on ne parle pas de jogging de base mais

d'un réel look urbain et branché. Même si vous n'achetez rien, la boutique vaut le détour pour son décor chic et son bar à céréales (le Kith Treats). On peut y déguster des céréales mais aussi des glaces… avec des *toppings* aux céréales !

Adidas Sport Performance *(mode)*
610 Broadway (entre Broadway et Crosby St sur Houston St) • M Broadway-Lafayette [B, D, F, M] • adidas.com/us • 212 529 0081 • lu-sa 10h-20h (ve-sa 21h), di 11-20h
Plan p. 56-57 27 E4
Une immense boutique consacrée au football, baseball, basket, tennis, football américain avec le "total look" Adidas pour chacun. L'intégralité de la ligne Stella McCartney pour Adidas y est disponible. Vous pourrez aussi personnaliser des baskets de la marque.

Converse *(mode)*
560 Broadway (angle Prince St) • M Spring St [6], Prince St [R, W] • converse.com • 212 966 1099 • lu-sa 10h-21h, di 11h-20h
Plan p. 56-57 29 E5
Voici la boutique officielle new-yorkaise de la marque, le *flagship* comme on dit ici S! Un seul magasin pour chausser et habiller toute la famille aux couleurs de la marque étoilée, avec la plus grande sélection de Converse au monde. Les baskets peuvent être customisées : choix de la couleur, de la semelle ou des lacets.

Uniqlo (mode)
546 Broadway (entre Prince St et Spring St) • M Prince St [R, W], Spring St [6] • uniqlo.com • 877 486 4756 • lu-sa 10h-21h, di 11h-20h
Plan p. 56-57 30 E5
Célèbre marque japonaise de vêtements. Pour plus de détails, voir Midtown p. 213.

UGG Australia *(mode)*
79 Mercer St (entre Broome St et Spring St) • M Prince St [R, W], Spring St [6] • ugg.com • 212 226 0602 • lu-sa 10h-19h, di 11h-18h
Plan p. 56-57 34 E5
À l'origine, UGG est une marque australienne réputée pour fabriquer des chaussures chaudes et de très bonne qualité pour l'après-surf. La marque a su conquérir le cœur et les petits petons des modeuses à travers le monde. Désormais, elle décline d'autres modèles que les bottes à qui elle doit son succès. Et si l'on vous dit que les prix sont moins chers aux États-Unis qu'en Europe… Tentant, non ? Voir aussi autre adresse dans Upper Manhattan p. 218.

T.J. Maxx *(mode)*
483 Broadway (angle Broome St) • Ⓜ Prince St [R, W], Canal St [J, Z, N, Q, R, W, 6] • tjmaxx.com • 646 613 7530 • lu-sa 9h-21h, di 11h-20h
Plan p. 56-57 36 E5
Amateurs de bonnes affaires, voici une des plus grandes chaînes de magasins de produits dégriffés de tout le pays ! Vous y trouverez de nombreuses marques américaines à prix réduits.

Vans – DQM Store *(mode)*
93 Grand St (entre Greene St et Mercer St) • Ⓜ Canal St [N, Q, R, W, A, C, E, J, Z, 1, 6] • vansdqm.com • 212 226 7776 • lu-sa 10h-20h, di 11h-19h
Plan p. 56-57 37 E5
Ce magasin offre la plus grande collection, dans tout New York, de *sportswear* Vans, la célèbre marque californienne pour adultes et enfants.

The Children's Place *(mode)*
126 Delancey St (entre Essex St et Norfolk St) • Ⓜ Delancey St [F, J, M, Z] • childrensplace.com • 212 982 8401 • lu- sa 10h-20h, di 11h-19h
Plan p. 56-57 40 G5/H5
Découvrez, dans cette boutique, des vêtements à prix réduits pour bébés et enfants. Si vous rêvez d'habiller toute la famille dans le même thème, ils proposent une sélection "Matching Family" très amusante pour adultes et enfants. Plusieurs adresses dans la ville.

Nike Soho *(mode)*
79 Mercer St (angle Spring St et Broom St) • Ⓜ Prince St [R, W], Canal St [J, Z, N, Q, R, W, 6] • nike.com • 646 716 3740 • tlj 10h-20h (ve-di 21h)
Plan p. 56-57 31 E5
Découvrez sur 5 étages le magasin du futur avec des expériences numériques et immersives qui permettent de tester les produits de la marque. Ne manquez pas le terrain de basket au dernier étage afin de vous mesurer aux plus grands joueurs de la NBA.

Bed, Bath & Beyond *(décoration)*
620 6th Ave (entre W 18th St et W 19th St) • Ⓜ 14 St [F, M], 18th St [1] • bedbathandbeyond.com • 212 255 3550 • tlj 8h-21h
Plan p. 56-57 10 D2
Que ce soit pour des ustensiles de cuisine, des serviettes de toilette, des produits de soin pour le bain, gadgets... vous y trouverez tout ce dont on peut avoir besoin dans une maison.

Fishs Eddy *(décoration)*
889 Broadway (entre E 19th St et E 20th St) • Ⓜ 23 St [F, M, R, W, 6] • fishseddy.com • 212 420 9020 • tlj 10h-21h (di 20h)
Plan p. 56-57 15 E2
C'est l'endroit idéal pour dénicher de la vaisselle très originale. Il y a également des objets liés à l'art de recevoir. À noter, une ligne d'articles avec des références à New York.

Crate & Barrel *(décoration)*
611 Broadway (angle W Houston St) • M Broadway-Lafayette St [B, D, F, M] • crateandbarrel.com • 212 780 0004 • lu-sa 10h-21h, di 11h-19h
Plan p. 56-57 26 E4
Cette enseigne qui propose vaisselle, objets de déco et meubles est installée depuis plus de 50 ans aux États-Unis. On y trouve des objets design, à des prix abordables et de très bonne qualité, pour la table et la décoration de la maison. En saison, les rayons sont envahis d'objets à thème pour préparer la réception parfaite (Halloween, Noël, Pâques, Saint-Valentin, etc.). Tout aux USA est prétexte à célébration !

Teich *(loisirs)* WOW
573 Hudson St (entre W 11th St et Bank St) • M Christopher St-Sheridan Sq [1] • teichtoys.com • 212 294 2232 • lu-sa 9h-19h, di 10h-18h
Plan p. 56-57 1 C3
Ce charmant petit magasin est une affaire pour toute la famille. Les enfants y trouveront des jeux et objets de déco originaux, parfois artisanaux, ainsi qu'une sélection de livres qui susciteront leur attention. Ils pourront s'installer dans un petit train de bois qui trône dans la boutique afin de feuilleter quelques pages et faire leur sélection.

Party City *(loisirs)*
38 W 14th St (entre 5th Ave et 6th Ave) • M 14 St-Union Sq [L, N, Q, R, W, 4, 5, 6] • partycity.com • 212 271 7310 • di-ve 9h-22h (jeu 21h), sa 8h-22h
Plan p. 56-57 6 D2
Ici, il y a tout pour préparer fêtes et anniversaires. Vous trouverez tous les accessoires et tous les thèmes festifs à des prix imbattables. N'hésitez pas à flâner dans les nombreux rayons pour dénicher l'objet ou le costume original qui fera fureur à votre prochaine fête.

Guitar Center *(loisirs)*
25 W 14th St (entre 5th Ave et 6th Ave) • M 6 Av [L], 14 St [1, 2, 3, F, M] • stores.guitarcenter.com • 212 463 7500 • lu-sa 10h-21h, di 11h-19h
Plan p. 56-57 8 D2
Pour les musiciens, en herbe ou confirmés, un magasin rempli d'instruments, d'accessoires divers et variés, de partitions et de méthodes avec des possibilités de tester en live. Allez les petits Chopin, on se lance ?

Kidding Around *(loisirs)*
60 W 15th St (entre 5th Ave et 6th Ave) • M 6 Av [L], 14 St [F, M] • kiddingaroundtoys.com • 212 645 6337 • lu-sa 10h-19h, di 11h-18h
Plan p. 56-57 4 D2
Selon le *New York Magazine*, Kidding

Around est le meilleur magasin de jouets indépendant de la ville. Un brin rétro, cette excellente alternative aux enseignes de la grande consommation propose des jouets éducatifs, des kits de création, des cahiers de travaux manuels et même des déguisements.

NY Cake & Baking *(loisirs)*
118 W 22nd St (entre 6th Ave et 7th Ave) • M 23 St [1] • nycake.com • 212 675 2253 • lu-sa 9h-19h, di 11h-17h
Plan p. 56-57 11 D1
Vous avez cédé à la mode des cupcakes et vous voulez épater votre petit monde? Voici la meilleure adresse pour trouver le matériel nécessaire: ingrédients, moules en silicone ainsi qu'une multitude de *toppings* (décorations) pour toutes les occasions. Y'a plus qu'à!

Lego Store *(loisirs)* WOW
200 5th Ave (angle 23rd St) • M 23 St [R, W] • lego.com • 212 255 3217 • lu-sa 10h-20h, di 11h-18h
Plan p. 56-57 14 E1
Pour plus de détails, voir Midtown p. 215.

Forbidden Planet *(loisirs)*
832 Broadway (entre E 12th St et E 13th St) • M 14 St-Union Sq [L, N, Q, R, W, 4, 5, 6] • fpnyc.com • 212 473 1576 • di-ma 9h-22h (di 10h), me 8h-0h, je-sa 9h-0h
Plan p. 56-57 18 E2
Forbidden Planet ("Planète interdite") est certainement l'un des plus emblématiques *comics stores* de New York avec une incroyable sélection couvrant l'univers de la BD et des séries (livres, jouets, posters, cartes, figurines...). Un paradis pour les fans de *Game of Thrones*, *Walking Dead*, *Breaking Bad*.

New York Costumes *(loisirs)*
104 4th Ave (entre E 11th et E 12th St) • M 14 St-Union Sq [L, N, Q, R, W, 4, 5, 6] • newyorkcostumes.com • 212 673 4546 • lu-sa 11h-20h, di 12h-19h
Plan p. 56-57 21 E3/F3
L'une des rares boutiques ouvertes tout au long de l'année qui soit consacrée aux déguisements. Elle propose un énorme choix pour les adultes, les enfants et même... les chiens! Perruques, tenues, maquillages, accessoires...

Village Party Store *(loisirs)* WOW
13 E 8th St (entre 5th Ave et University Pl) • M 8 St-NYU [R, W] • villagepartystore.com • 212 675 9697 • lu-sa 9h-22h, di 10h-21h
Plan p. 56-57 22 E3
Cette boutique de 650m² est entièrement consacrée à l'univers de la fête! Les rayons croulent sous la masse de déguisements et de ballons. Inutile de vous dire qu'une fois les enfants à l'intérieur, il vous sera quasi impossible d'en ressortir les mains vides!

Blades *(loisirs)*
659 Broadway (entre Bleecker et W 3rd St) • M Bleecker St [6], Broadway-Lafayette [B,D,F,M] • blades.com • 212 477 7350 • lu-sa 10h-21h, di 11h-19h
Plan p. 56-57 24 E4
WOW
Rollerskaters, skateboarders ou snowboarders se ruent dans ce magasin dont la *board* (planche) est la spécialité. Chaque partie du *skate* peut être choisie séparément et assemblée gratuitement. On y vient aussi pour les lignes vestimentaires des marques comme Stussy, Obey, les chaussures DC, Adio ou Vans. Les filles ne sont pas oubliées avec Etnies pour les chaussures et Triple Five Soul pour les vêtements.

Exit 9 Gift Emporium *(loisirs)*
51 Avenue A (entre 3rd St et 4th St) • M 2 Av [F] • shopexit9.com • 212 228 0145 • lu-ve 11h-19h30, sa 11h-20h, di 12h-19h
Plan p. 56-57 41 G4
Petite boutique qui foisonne de gadgets amusants à des prix abordables. Vous y trouverez plein d'idées de petits cadeaux pour faire plaisir à tout le monde.

WOW
Papyrus *(papeterie)*
65 Prince St (entre Lafayette St et Crosby St) • M Prince St [R, W], Broadway-Lafayette St [B, D, F, M] • papyrusonline.com • 332 877 3340 • lu-sa 10h-20h, di 11h-19h
Plan p. 56-57 28 E5
C'est l'endroit idéal pour dénicher des cartes originales. On y trouve aussi des cadeaux typiques avec imprimés ou citations à ramener dans les bagages : aimants, carnets, sacs, calendriers, tasses… Coup de cœur pour leurs boîtes à musique New York.

Paper Source *(papeterie)*
83 Spring St (entre Broadway et Crosby St) • M Spring St [6] • papersource.com • 646 484 5764 • lu-sa 10h-20h, di 11h-18h
Plan p. 56-57 32 E5
Dans cette chaîne de boutiques, on peut acheter de la papeterie très originale. On y vend aussi des kits, tampons et matériaux permettant de faire des créations manuelles ainsi que des cadeaux typiques et inspirés par la culture locale (Halloween, Thanksgiving, Pâques). Un réel plaisir pour les esprits créatifs !

The Strand *(livres, cadeaux)*
828 Broadway (entre E 12th St et E 13th St) • M 14 St-Union Sq [L,N, Q,R,W,4,5,6] • strandbooks.com • 212 473 1452 • lu-sa 9h30-22h30, di 11h-22h30
Plan p. 56-57 19 E3
La plus grande et la plus emblématique librairie de Manhattan. Très belle section de livres jeunesse (même en français). Au dernier étage se trouvent des livres rares et d'anciennes éditions originales. Nombreux accessoires, tee-shirts et gadgets déclinés sur les

thèmes de New York, idéal pour de petits cadeaux. Ne manquez pas les petites boîtes à bonbons, devant les caisses.

MoMA Design Store *(cadeaux)*
81 Spring St (angle Crosby St) • M Spring St [6], Prince St [R, W] • store.moma.org • 646 613 1367 • lu-sa 10h-20h, di 11h-19h
Plan p. 56-57 33 E5
Grand choix d'objets du quotidien, de jeux ou de gadgets revus par des designers, ainsi qu'un choix important de livres d'art dédiés à l'architecture et au design. Vous trouverez aussi toute une section spécialement destinée aux plus jeunes. Le sous-sol est couplé avec une boutique Muji.

P!Q SoHo *(cadeaux)*
420 Broadway (entre Canal St et Howard St) • M Canal St [J, Z, N, Q, R, W, 6] • piqgifts.com • 646 559 4431 • di-je 10h-19h, ve-sa 9h-21h
Plan p. 56-57 38 E5
Cette marque colorée propose de nombreuses idées cadeaux très originales, aussi variées que des figurines issues de la culture japonaise ou des souvenirs de la ville créés par des designers locaux. Coup de cœur pour les chiens de Marc Tetro, artiste new-yorkais, qui dessine de gentils toutous dans les rues de New York.

Doodle Doo's *(jouets)*
11 Christopher St (entre W 10th St et W 9th St) • M Christopher St [1] • doodledoos.com • 212 627 3667 tlj 10h-18h (sa- di 9h)
Plan p. 56-57 2 D3
Et si vous profitiez de votre séjour à New York pour offrir une coupe de cheveux au petit dernier de la famille ? Cela est possible dans cette boutique au concept original, à la fois magasin de jouets et salon de coiffure pour jeunes enfants, qui seront installés dans des vieilles voitures en bois durant la coupe.

Eataly *(alimentation)*
200 5th Ave (entre W 23rd St et W 24th St) • M 23 St [F, M, R, W, 6] • eataly.com • 212 229 2560 • tlj 9h-23h
Plan p. 56-57 13 E1
L'une des plus grandes épiceries fines de New York consacrée aux produits italiens. À voir ne serait-ce que pour le décor et l'ambiance. On peut aussi manger sur place (nombreux stands à thème). Vous pouvez aussi, après avoir effectué vos achats, aller faire une dînette au Madison Square Park, juste en face. Autre adresse sous l'Oculus (p.202).

MIDTOWN

Cette partie de Manhattan se caractérise par ses buildings immenses, ses trottoirs bondés et ses enseignes sans grande originalité. Mais c'est l'endroit idéal pour trouver rapidement les grands classiques vestimentaires à prix raisonnables. Macy's, s'autoproclamant le plus grand magasin au monde, en est la parfaite illustration.

Crocs *(mode)*

152 W 34th Street (entre 6th et 7th Ave) • M 34 St-Penn Station [1,2,3] • crocs.com • 212 695-4090 • tlj 9h-21h (di 10h)
Plan p. 68-69 1 D4
Vous trouverez bien sûr les traditionnels sabots en plastique aux couleurs vives, mais également des tongs, des bottes, des chaussures fermées et des petites décorations pour personnaliser vos chaussures.

Old Navy *(mode)*

oldnavy.com
150 W 34th St (entre 7th Ave et 8th Ave) • M 34 St-Penn Station [1,2,3] • 212 594 0049 • lu-sa 8h-23h, di 9h-22h
Plan p. 68-69 3 D4
1516 Broadway (angle W 44th St) • M Times Sq - 42 St [1, 2, 3, 7, N, Q, R, S, W] • 646 866 5935 • tlj 7h-0h (ve-sa 2h)
Plan p. 68-69 8 D3
Old Navy appartient au même groupe que Gap. Il s'agit d'une gamme moins chère mais aussi de moins bonne qualité, néanmoins bien pratique et économique pour refaire la garde-robe de toute la famille. Les vêtements sont colorés, simples et faciles à assortir. Plusieurs enseignes dans Manhattan.

Gap Kids & Gap Baby *(mode)*

60 W 34th St (angle 6th Ave) • M 34 St-Herald Sq [N, Q, R, W] • gap.com • 212 760 1268 • lu-sa 9h-22h (sa 9h30), di 10h-22h
Plan p. 68-69 4 E4
Voir aussi Downtown p. 205 et Upper Manhattan p. 217.

Modell's *(mode)*

234 W 42nd St (entre 7th Ave et 8th Ave) • M Times Sq-42 St [N, Q, R, S, W, 1, 2, 3] • modells.com • 212 764 7030 • lu-sa 8h-0h (sa 1h), di 9h-0h
Plan p. 68-69 6 D3
Surnommée Mo's, cette boutique propose les équipements complets nécessaires à la pratique de tous les sports, pour adultes et enfants, et ce quel que soit le niveau. Les fans trouveront ici tous les produits des ligues officielles de football

américain, de baseball, de basket et de hockey sur glace. Nombreuses autres adresses dans Manhattan.

Gap *(mode)*
1514 Broadway (angle W 44th St) • M Times Sq-42 St [S, N, Q, R, W, 1, 2, 3] • gap.com • 212 382 4500 • tlj 9h-0h
Plan p. 68-69 7 D3
Plus besoin de présenter cette marque américaine mondialement connue, néanmoins, sachez que dans la boutique de Times Square, tout un rayon est dédié aux souvenirs de New York.

Levi's *(mode)*
levi.com/us
1535 Broadway (entre W 44th St et W 45th St) • M Times Sq-42 St [S, 1, 2, 3] • 347 809 5241 • tlj 8h-1h
Plan p. 68-69 10 D3
45 W 34th St (entre 5th Ave et 6th Ave) • M 34 St-Herald Sq [B, D, F, M, N, Q, R, W] • 212 643 4358 • lu-sa 9h-22h, di 10h-21h
Plan p. 68-69 25 E4
C'est le passage obligé pour les afficionados de Levi's pour voir la dernière collection de la marque. Voir aussi Downtown p. 204.

Abercrombie & Fitch *(mode)*
720 5th Ave (entre W 56th St et W 57th St) • M 57 St [F], 5 Av-53 St [E, M] • abercrombie.com • 212 381 0110 • tlj 9h30-21h30
Plan p. 68-69 13 E1
La marque fétiche des ados sur l'une des avenues les plus chics du monde. Cela ne se rate pas ! Visitez le dernier étage dédié aux *kids*.

Hollister *(mode)*
668 5th Ave (entre E 52nd et E 53rd St) • M 5 Av-53 St [E, M] • hollisterco.com • 646 924 2556 • tlj 9h30-21h30
Plan p. 68-69 14 E2
Et voici encore une marque qui s'adresse aux jeunes. C'est la petite sœur d'Abercrombie & Fitch, destinée aux ados à des prix un peu plus abordables. La marque présente des collections de vêtements décontractés et branchés qui s'inspirent de la mode des plages du sud de la Californie.

Uniqlo (mode)
666 5th Ave (angle 53rd St) • M 5 Av-53 St [E, M] • uniqlo.com • 877 486 4756 • lu-sa 10h-21h, di 11h-20h
Plan p. 68-69 15 E2
Les 8 000 m² de cette boutique en font le plus grand Uniqlo du monde ! Y sont exposés tous les produits sans exception de la marque japonaise. Voir aussi Downtown p. 206.

NBA Store *(mode)*
545 5th Ave (angle de E 45th St) • M 42 St-Bryant Park [B, D, F, M] • store.nba.com • 212 457 3120 • tlj 10h-20h (sa 21h)
Plan p. 68-69 22 E3
Boutique incontournable pour les fans de basket. Vous pourrez retrouver les maillots de vos

joueurs américains préférés de la NBA et ramener des cadeaux aux couleurs des grandes équipes.

Pink *(mode, lingerie)*
1328 Broadway (angle 34th St) • M 34 St-Herald Sq [B, D, F, M, N, Q, R, W] • 212 356 8380 • victoriassecret.com/pink-vs • lu-sa 9h-21h30, di 10-21h
Plan p. 68-69 5 D4
Située au sous-sol du magasin de sous-vêtements Victoria's Secret, cette marque du même groupe propose une gamme plus sport et moins sexy visant les jeunes filles ; des premières brassières aux pantalons de jogging confortables très *girly*, ainsi qu'une gamme d'accessoires (parfums, sacs de sport) ou sweat-shirts. Au rez-de chaussée et au 1er étage on trouve la gamme "femme". Une virée shopping idéale entre mère et fille !

Nike *(sport)*
650 5th Ave (angle W 52h St) • M 5 Av- 53 St [E, M] • nike.com • 212 376 9480 • tlj 10h-20h
Plan p. 68-69 17 E2
Il suffit de regarder la façade depuis la 5th Avenue pour comprendre que vous êtes face à la boutique phare de la marque à New York. Sur 6 étages, découvrez ou redécouvrez les produits de la marque grâce à une expérience du shopping interactive et innovante. Autre adresse dans le quartier de SoHo (p. 207).

WOW

Line Friends *(loisirs)*
1515 Broadway (entre W 44h St et W 45th St) • M Times Sq - 42 St [1, 2, 3, 7, N, Q, R, S, W] • linefriends.com • 646 8667 788 • tlj 10h-0h
Plan p. 68-69 9 D3
À l'origine Line est une application de messagerie instantanée japonaise, pour laquelle ont été développés des émoticônes sous la forme de personnages très mignons comme un ours ou un lapin en peluche. Leur succès est tel qu'une boutique entière leur est dédiée. Grosse surprise à l'entrée !

WOW

Disney Store *(loisirs)*
1540 Broadway (entre W 45th St et W 46th St) • M 49 St [N, R, W] • shopdisney.com • 212 626 2910 • tlj 9h-1h
Plan p. 68-69 11 D3
Retrouvez les personnages Disney, des plus anciens aux nouveaux venus, et toute une gamme de produits : jeux, livres, films et même des vêtements pour toute la famille.

American Girl Place *(loisirs)*
75 Rockfeller Plaza (sur la W 51st St entre 5th Ave et 6th Ave) • M 5 Av-53 St [E, M], 47-50 Sts-Rockefeller Ctr [B, D, F, M] • americangirl.com • 877 247 5223 • lu-ve 10h-19h (ve 20h), sa 9h-21h, di 9h-19h
Plan p. 68-69 16 E2
Dans ce palais de la poupée, les petites filles n'auront que l'embarras pour choisir la leur et la parer selon

leurs goûts. On y trouve des poupées de toutes sortes, plus belles les unes que les autres. Les petites filles peuvent à loisir jouer à la maman en accordant leur propre look avec celui de leur “bébé” : l’enseigne propose des lignes de vêtements communes, des accessoires de sport pour le ski, la danse ou encore l’équitation.

FAO Schwarz *(loisirs)*
30 Rockefeller Plaza (entre 5th Ave et 6th Ave) • M 47-50 Sts-Rockefeller Ctr [B, D, F, M] • faoschwarz.com • 800 326 8638 • tlj 10h-20h (ve-sa 21h, di 19h)
Plan p. 68-69 19 E2
Le magasin FAO Schwarz de la 5h Avenue a longtemps été le plus grand magasin de jouets au monde, jusqu’à sa fermeture en 2015. Mais la célèbre marque a depuis décidé d’ouvrir un nouveau magasin, en plein coeur du Rockefeller Center, pour le plus grand bonheur de tous. Vous y trouverez les jouets de qualité qu’elle fabrique depuis 1862, mais aussi toutes les marques qui font rêver les enfants. Ne manquez surtout pas d’aller jouer un air de piano... avec les pieds, sur un clavier géant posé à même le sol !

NBC Store *(loisirs)*
30 Rockefeller Plaza (entre 5th Ave et 6th Ave) • M 47-50 Sts-Rockefeller Ctr [B, D, F, M] • theshopatnbcstudios.com • 212 664 5967 • tlj 8h-21h (di 19h)
Plan p. 68-69 18 E2
Situé au cœur du Rockefeller Center, ce magasin est le lieu rêvé pour les fans des séries de la chaîne NBC comme *Friends*, *Dr House* ou *Star Trek*. On trouve quantité de souvenirs, de posters, de tasses, de tee-shirts, d'étuis pour mobile... à l’effigie de leurs héros. Vous pourrez aussi vous amuser à "buzzer" dans le fauteuil de The Voice !

Lego Store *(loisirs)* WOW
620 5th Ave (entre W 49th St et W 50th St) • M 47-50 Sts-Rockefeller Ctr [B, D, F, M] • lego.com • 212 245 5973 • tlj 10h-20h (di 19h)
Plan p. 68-69 20 E2
Située sur l’esplanade du Rockefeller Center, cette adresse est le rendez-vous à ne pas manquer pour tous les amoureux des célèbres petites briques. La boutique renferme l’un des plus grands murs *pick a brick*. Il s’agit d’un mur dans lequel se trouvent des dizaines et des dizaines de petits distributeurs contenant les pièces Lego que vous pouvez acheter à l’unité selon la couleur et la forme dont vous avez besoin. On y trouve aussi un grand choix d’objets dérivés ayant pour thème New York. Ne quittez pas le magasin

sans avoir jeté un coup d'œil aux différentes représentations, toutes en Lego, de monuments new-yorkais dont le Rockefeller Center. Autre adresse en face du Flatiron, voir Downtown p. 209.

Nintendo World *(loisirs)*

10 Rockefeller Plaza (entre 5th Ave et 6th Ave) • M 47-50 Sts-Rockefeller Ctr [B, D, F, M] • nintendonyc.com • 646 459 0800 • lu-sa 9h-20h (ve-sa 21h), di 11h-18h

Plan p. 68-69 21 E2

Située dans le Rockefeller Center, la boutique permet de jouer aux jeux les plus récents développés par Nintendo et de s'équiper. Attention de bien vérifier le "zonage" des jeux ou des appareils avant de les acheter afin d'éviter toute déconvenue en rentrant chez vous.

Kidding Around *(loisirs)*

107 E 42nd St (dans Grand Central Terminal) • M Grand Central-42 St [4, 5, 6, S, 7] • kiddingaroundtoys.com • 212 972 8697 • lu-ve 8h-20h, sa 10h-20h, di 11h-18h

Plan p. 68-69 24 F3

Voir descriptif dans Downtown p. 208.

M&M's World *(alimentation)*

1600 Broadway (entre W 48th St et W 49th St) • M 49 St [N, R, W], 50 St [1] • mymms.com • 212 295 3850 • tlj 9h-0h (ve-sa 1h)

Plan p. 68-69 12 D2

La famille des M&M's et toutes ses déclinaisons possibles et imaginables sont les vedettes de la boutique. Bien sûr on y trouve les célèbres bonbons colorés mais la marque se décline aussi en produits dérivés : vêtements, parapluies, accessoires, jouets, bougies, etc.

Macy's *(grand magasin)*

151 W 34th St (entre 6th Ave et 7th Ave) • M 34 St-Herald Sq [B, D, F, M, N, Q, R, W] • macys.com • 212 695 4400 • lu- sa 10h-22h, di 11h-21h

Plan p. 68-69 2 D4

Voici le plus emblématique des *department stores* de Manhattan et l'un des plus vieux grands magasins du monde. Il doit notamment sa réputation à sa parade de Thanksgiving. C'est aussi l'un des seuls lieux où on peut encore utiliser des escalators en bois en opération depuis 1920 ! On y trouve un très large choix de vêtements pour toute la famille et les promotions proposées tout au long de l'année, permettent souvent de faire de bonnes affaires. À noter que sur présentation de votre passeport, il est possible d'obtenir directement en magasin, une remise de 10 % (à verifier avant de payer).

UPPER MANHATTAN

C'est le quartier de la très élégante Madison Avenue avec ses somptueuses boutiques de luxe situées côté Upper East Side. Dans l'Upper West Side, on trouve aussi de beaux magasins aux enseignes diverses mais de taille plus modeste.

Century 21 *(mode)*

1972 Broadway (entre W 66th et W 67th) • M 66 St-Lincoln Ctr [1] • c21stores.com • 212 518 2121 • tlj 10h-22h (di 20h)
Plan p. 90-91 2 B7
Voir autre adresse dans Lower Manhattan p. 203.

Gap Kids & Gap Baby *(mode)*

gap.com
◎ 1988 Broadway (entre W 67th St et W 68th St) • M 66 St-Lincoln Ctr [1] 212 721 5304 • lu-sa 9h-21h, (ma et 10h) di 11h-21h
Plan p. 90-91 3 B7
◎ 1511 3rd Ave (angle E 85th St) • M 86 St [Q, 4, 5, 6] • 212 794 5781 • lu-ve 9h-21h, sa 10h-21h, di 10h-20h
Plan p. 90-91 16 E4
Voir aussi Downtown p. 205 et Midtown p. 212.

Patagonia *(mode)*

426 Columbus Ave (entre 80th St et 81st St) • M 81 St [B, C] • patagonia.com • 917 441 0011 • lu-sa 11h-19h, di 11h-18h
Plan p. 90-91 4 B5
Cette marque est spécialisée dans les sports de montagne avec une attention particulière à l'impact environnemental de leurs produits. Deux étages pour bien couvrir toute la famille lors des grands froids, et ce tout en restant à la pointe de la mode. Tout y est, de leurs célèbres doudounes jusqu'aux bonnets ou aux gants, dans des tons gais, colorés.

DOT (mode)

467 Amsterdam Ave (entre 82nd St et 83rd St) • M 79 St [1], 81 St [B, C] shopdotnyc.com • 212 877 2400 • lu-sa 10h-18h30, di 11h-18h
Plan p. 90-91 6 B5
Cette charmante boutique aux couleurs acidulées offre un environnement attrayant pour les jeunes filles (2-16 ans). Et pour vos "fashionistas" en herbe, vous trouverez un assortiment de vêtements relativement uniques à piocher parmi de nombreuses marques américaines. La boutique regorge aussi d'une multitude d'accessoires et cadeaux aux coloris et imprimés amusants.

Seraphine (mode)

1321 Madison Ave (entre E 93th St et E 94th St) • M 96 St [6] • seraphine.fr • 212 831 2200 • lu- sa 9h-18h, (sa 10), di 11h-17h
Plan p. 90-91 12 D3
Cette marque de vêtements pour femme enceinte fait souvent la une des magazines *poeple*. Kate

Middleton, Anne Hathaway ou encore Marion Cotillard sont autant de stars qui ont affiché leurs ventres de futures mamans en robes et jeans de grossesse Seraphine.

Crewcuts (mode)
1190 Madison Ave (entre E 87th St et 88th St) • M 86 St [4, 5, 6] • 212 348 9803 • stores. jcrew.com • lu- sa 10h-18h, di 12h-17h
Plan p. 90-91 13 D4
Crewcuts est la gamme enfant de la chaîne J. Crew qui compte plus de 400 magasins aux États-Unis. Si vous avez envie de dénicher un nouveau look pour vos *kids*, cette boutique est l'endroit parfait ! À 8 rues vers le sud, sur Madison Ave, retrouvez la boutique pour adultes.

Old Navy (mode)
147 E 86th St (entre Lexington Ave et 3rd Ave) • M 86 St [4, 5, 6, Q] • 212 828 7860 • lu- sa 9h-21h, di 10h-20h
Plan p. 90-91 14 D4
Voir descriptif p. 212.

Yankees Clubhouse Shop *(mode)*
110-111 E 59th St (entre Park Ave et Lexington Ave) • M 59 St [4, 5, 6], Lexington Av-59 St [N, R, W] • lids.com • 212 758 7844 • tlj 9h-19h
Plan p. 90-91 25 D8
Pour les fans de baseball ou simple curiosité, voici la boutique des Yankees où l'on trouve tous les produits dérivés. Tout, de la casquette jusqu'au maillot, sans oublier les battes et les gants.

UGG *(mode)*
600 Madison Ave (entre W 57th St et 58th St) • M 5 Av-59th St [N, R, W] • ugg.com • 212 845 9905 • lu-sa10h-19h, di 11h-18h
Plan p. 90-91 26 D8
Autre adresse de la célèbre marque australienne. Voir aussi Downtown p. 206.

Pottery Barn Teens *(décoration)*
1451 2nd Ave (entre E 75th St et E 76th St) • M 72 St [Q] • pbteen.com • 212 879 2513 • lu-sa 10h-19h, di 12h-18h
Plan p. 90-91 20 E6
Voici la version Pottery Barn pour ados, avec sa ligne de linge de lit mais aussi de la bagagerie, des accessoires, des gadgets.

Pottery Barn Kids *(décoration)*
1311 2nd Ave (entre E 68th St et E 69th St) • M 68 St-Hunter College [6] • potterybarnkids.com • 212 879 4746 • lu-sa 10h-19h, di 12h-18h
Plan p. 90-91 21 E7
Pour bébé qui vient d'arriver ou pour les enfants sages, vous trouverez ici une gamme raffinée de cadeaux : vêtements, peluches, draps, linge de toilette, jouets. On peut même faire broder son linge. La marque Beatrix Potter propose de ravissants sets de vaisselle et de dînette, ainsi que de jolies assiettes mélaminées décorées de son adorable petit lapin. Et suivant la saison, retrouvez toute une gamme de produits exclusifs (Halloween, Noël...).

West Side Kids *(loisirs)*
498 Amsterdam Ave (angle 84th St) • M 86 St [B, C, 1] • westsidekidsnyc.com • 212 496 7282 • lu-sa 11h-19h (ve-sa 10h), di 11h-18h
Plan p. 90-91 10 B5
Depuis 30 ans, cette boutique de jouets fait le bonheur des bambins. Vous y trouverez tout pour les *kids* : des jouets pour bébés, des livres, des jeux, des kits de création, des poupées... C'est aussi l'occasion d'y faire un petit saut avant d'aller pique-niquer à Central Park (situé à deux blocs) pour y acheter des ballons, jeux de bulles, kits de baseball...

Michaels *(loisirs)*
808 Columbus Ave (entre W 97th St et W 100th St) • M 96 St [B, C, 1, 2, 3] • michaels.com • 212 865 0813 • lu-sa 9h-22h, di 10h-20h
Plan p. 90-91 11 B3
Ce magasin fait partie d'une chaîne américaine qui est consacrée aux arts décoratifs et aux activités manuelles. Si vous cherchez de l'inspiration, ce magasin est une mine ! Perles, papier, colle, fil, cadres... sans oublier les expositions temporaire ayant pour thème la saison (Pâques, Noël...).

Fantastic Kids Toys *(loisirs)*
1503 3rd Ave (entre E 84th et E 85th St) • M 86 St [Q, 4, 5, 6] • fantastickidstoys.com • 212 452 1048 • tlj 10h-19h (di 18h)
Plan p. 90-91 17 E4
Voici un autre royaume du joujou pour les enfants sages ! Le Père Noël doit certainement venir faire ses courses ici tant il y a de choix !

Eloise at The Plaza *(loisirs)*
Plaza Hotel, 1 W 58th St (angle 5th Ave) • M 57 St [F], 5 Av-59 St [N, R, W] • theplazany.com • 212 546 5460 • lu-sa 10h-20h, di 11h-18h
Plan p. 90-91 28 C8/D8
Bienvenue dans le monde merveilleux d'Eloise, cette petite héroïne de romans pour enfants qui fait les 400 coups dans les couloirs du palace The Plaza. Une boutique entière à son effigie lui est consacrée et se trouve dans ce superbe hôtel.

Met Store *(cadeaux)*
1000 5th Ave (dans le Metropolitan museum) • M 86 St [4, 5, 6] • store.metmuseum.org • 212 5703 8942 • di-je 10h-17h15, ve-sa 10h-20h45
Plan p. 90-91 18 D5
Les boutiques du musée proposent bien sûr les classiques reproductions d'oeuvres d'art, livres, bijoux etc. en rapport avec les collections, mais vous trouverez aussi de nombreux objets souvenirs et toute une

collection de jouets et livres pour enfants. Vous pouvez pénétrer dans la boutique du musée au rez-de-chaussée sans avoir besoin de payer l'entrée.

Papyrus *(papeterie)*
852 Lexington Ave (entre E 64th et E 65th St) • M Lexington Av-63 St [F, Q] • papyrusonline.com • 332 877 3339 • lu-ve 9h-19h, 10h-18h, di 11h-18h
Plan p. 90-91 22 D7
Voir descriptif p. 210.

Albertine *(librairie)*
972 5th Ave (entre E 78th St et E 79th St) • M 77 St [6] • albertine.com • 212 650 0070 • lu-sa 11h-19h, di 11h-18h
Plan p. 90-91 19 D5
Projet culturel de l'ambassade française, Albertine est une librairie fréquentée par les locaux pour son abondance en ouvrages français. Ils ont une belle section de livres pour enfants, donc si vous avez oublié d'en glisser dans votre valise, ici vous trouverez de quoi compenser.

Book Culture *(livres, cadeaux)*
450 Columbus Ave (entre W 81st St et W 82nd St) • M 81 St [B, C] • bookculture.com • 212 595 1962 • lu-sa 9h-22h, di 9h-20h
Plan p. 90-91 5 B5
Cette librairie de l'Upper West Side est pleine de livres de toutes catégories et pour tous les âges. Vous y serez bien conseillés. La boutique est spacieuse et découpée en plusieurs sections, dont l'une avec de nombreux cadeaux et de chouettes accessoires pour la maison.

Barnes and Noble
(livres, cadeaux)
2289 Broadway (angle 82nd St) • M 79 St [1] • barnesandnoble.com 212 362 8835 • tlj 9h-22h (di 21h)
Plan p. 90-91 8 A5
Grande chaîne de magasins de livres, cadeaux, jouets… Vous pourrez flâner dans les rayons et trouver des choses originales et typiquement new-yorkaises. Les *kids* aimeront retrouver les livres de leurs personnages favoris et les jouets déclinés à leur effigie. N'hésitez pas à vous installer au café du magasin, pour une petite pause gourmande.

Magpie *(cadeaux)*
488 Amsterdam Ave (entre W 83rd St et W 84th St) • M 86 St [1] • 212 579 3003 • magpienewyork.com • tlj 11h-19h (di 18h)
Plan p. 90-91 9 B5
Dans cette jolie boutique, vous allez trouver des foules d'idées cadeaux. La propriétaire était auparavant acheteuse à l'American Folk Art Museum et elle a gardé le goût des choses éthiques. Elle sélectionne donc, avec grand soin, des objets faits main, des articles éco-

responables. Vous trouverez notamment une adorable collection pour nouveau-nés.

Apple Store *(informatique)*
767 5th Ave (entre E 58th St et E 59th St) • M 5 Av-59 St [N, R, W] • apple.com • 212 336 1440 • tlj 24 h/24
Plan p. 90-91 27 D8
Pour les aficionados de la marque à la pomme, c'est le plus spectaculaire des magasins de la marque. Il est ouvert 24 h/24, 365 j/365 ! À voir ne serait-ce que pour son incroyable architecture, car n'oubliez pas que pour les ordinateurs nous n'avons pas le même clavier. D'autres boutiques sont dispersées dans Manhattan.

It' Sugar *(alimentation, cadeaux)*
itsugar.com
◎ 1870 Broadway, Unit B (entre 61st et 62nd St) • M Columbus Circle [A, B, C, D, 1] • 646 395 7946 • lu-je 10h30-21h30, ve-sa 10h-22h30, di 11h-21h30
Plan p. 90-91 1 B8
◎ 1542 3rd Ave (angle E 87th St) • M 86 St [4, 5, 6, Q] • 646 582 8943 • lu-ve 10h-22h, sa 10h30-22h, di 10h-23h
Plan p. 90-91 15 E4
Cette chaîne de confiseries rend les enfants (et les dentistes) heureux dans tout le pays ! En plus des sucreries, il y a plein d'idées cadeaux, comme tous les produits dérivés du chat Pusheen.

Dylan's Candy Bar *(alimentation, cadeaux)* WOW
1011 3rd Ave (entre E 60th St et E 61st St) • M Lexington Av-59 St [N, Q, R] • dylanscandybar.com • 646 735 0078 • di-je 10h-21h, ve-sa 10h-23h
Plan p. 90-91 23 E8
Quand Dylan, la fille de Ralph Lauren, se met en tête de créer une boutique de bonbons, cela donne cette boutique surprenante avec une incroyable variété de bonbons, d'énormes sucettes colorées et plein d'idées de cadeaux originaux. Au 1er étage se trouvent un salon de thé et un glacier au décor très ludique qui va plaire aux enfants.

Zabar's *(alimentation)*
2245 Broadway (angle 80th St) • M 79St [1] • zabars.com • 212 787 2000 • lu-ve 8h-19h30 (sa 20h), di 9h-18h
Plan p. 90-91 7 A5/B5
Ce magasin d'alimentation datant de 1934 est une épicerie haut de gamme. C'est ici que les Français de Manhattan viennent chercher leurs spécialités importées préférées. C'est l'endroit idéal pour acheter des choses à picorer dans Central Park.

Bloomingdale's *(grand magasin)*
1000 3rd Ave (entre E 59th St et E 60th St) • M 59 St [4, 5, 6], Lexington Av-59 St [N, R, W] • bloomingdales.com • 212 705 2000 • lu-sa 10h-20h30, di 11h-19h
Plan p. 90-91 24 E8

Situé dans l'Upper East Side, ce magnifique édifice Art déco, qui a vu le jour en 1861, abrite l'un des très chics *department stores* de New York. Il estcélèbre aussi pour son iconique *Big Brown bag*, le sachet en papier dans lequel sont glissés vos achats.

BROOKLYN

Brooklyn est le *borough* tendance. En plein essor, il attire les résidents et les touristes par la variété et l'originalité de ses boutiques. Si vous recherchez des cadeaux artisanaux, des vêtements branchés et décontractés, des articles vintage, cette destination shopping ne manquera pas de vous séduire.

Brooklyn Industries *(mode)*
brooklynindustries.com
◎ 70 Front St (angle Washington St • M York St [F], High St- Brooklyn Br [A, C] • 718 797 4240 • tlj 11-19h
Plan p. 114-115 1 B1
◎ 162 Bedford Ave (angle N 8th St)• M Bedford Av [L] • 7184866464 • tlj 10h-20h (ve-sa 21h)
Plan p. 114-115 7 F2
Brooklyn est connu pour ses hipsters, définis comme bobos branchés, et cette marque s'inspire de leurs styles pour proposer une gamme de vêtements sympas. Vous allez craquer pour leurs t-shirts pour enfants aux logos et slogans dédiés aux quartiers de New York.

Two Kids and a Dog *(mode)*
61 Pearl St (entre Front St et Water St) • M York St [F] • twokidsandadog.com • 646 342 4549 • tlj 11h-19h (ve-sa 10h)
Plan p. 114-115 2 B1
Jolie petite boutique dans Dumbo, dont les propriétaires, qui résident dans le quartier ont, comme le nom du magasin l'indique, 2 enfants et 1 chien, Molly. Ils vendent des jouets et vêtements de marques pour enfants qu'ils ont sélectionnées avec soin.

Brooklyn Denim Co *(mode)*
338 Wythe Ave (entre S Ist St et S 2nd St) • M Bedford Av [L] • brooklyndenimco.com • 718 782 2600 • lu-sa 11h-19h, di 12h-18h
Plan p. 114-115 4 F2
Si vous êtes un accro du jean, ne passez pas à côté de cette boutique dont la sélection est absolument incroyable. Des modèles, du sol au plafond, de marques à la mode (Hudson, James Jeans), classiques (Levi's) et même des marques américaines moins connues (Simon Miller et Kill City). Vous serez très bien conseillés par des vendeurs hyper compétents qui vous aideront à trouver la perle rare.

Space Ninety 8 *(mode, loisirs)*
98 N 6th St (entre Wythe Ave et Berry St) • Ⓜ Bedford Av [L] • uospaces.com • 718 599 0209 • tlj 11h-21h (di 20h)
Plan p. 114-115 6 F2
Les graffitis sur les murs en brique rouge, les plantes vertes pendant des plafonds et le look vintage des produits de cette boutique-concept d'Urban Outfitters procurent une atmosphère décalée. Vous trouverez les produits de la marque, mais aussi des créations artisanales locales ou encore une échoppe de vinyls (*For the Record*). Un petit creux? Allez faire un tour sur le *rooftop* qui a été aménagé en restaurant pour permettre une pause pendant le shopping.

Mini Jake *(mode, loisirs)*
178 N 9th St (entre Bedford et Driggs Ave) • Ⓜ Bedford Av [L] • minijake.com • 718 782 2005 • di-ve 11h-18h (ma-ve 19h), sa 10h30-18h30
Plan p. 114-115 8 F1 /G1
Élue meilleure boutique de mobilier pour enfants par le *NY Magazine*, cette jolie boutique aux murs en brique rouge est remplie de meubles pour les petits, d'articles de puériculture, de jouets et d'objets déco. Vous trouverez certainement des tas de choses à ramener qui n'existent pas en France. Coup de cœur pour les bodys imprimés avec des inscriptions spéciales Brooklyn.

Pink Olive *(loisirs, cadeaux)*
167 Fifth Ave (entre Lincoln et Berkeley Pl) • Ⓜ Union St [R], Bergen St [2, 3], 7 Av [B, Q] • pinkolive.com • 718 398 2016 • lu-sa 11h-19h (di 18h)
Plan p. 114-115 3 E4
Entrer chez Pink Olive c'est entrer dans la caverne d'Ali Baba! Vous y trouverez plein d'idées pour faire de jolis cadeaux, tous plus sympas et originaux les uns que les autres. Vaste choix de cadres et d'affiches sur New York, bougies au parfum peu commun, mugs, cartes, bijoux artisanaux... Tout est de bon goût.

Desert Island *(librairie)*
540 Metropolitan Ave (entre Union Ave et Lorimer St) • Ⓜ Lorimer St [L] • desertislandbrooklyn.com • 718 388 5087 • lu 14h-19h, ma-di 12h-22h
Plan p. 114-115 9 H/H2
Si vous êtes fan de *comics*, c'est le magasin à ne manquer sous aucun prétexte. Par contre, ne vous attendez pas à fouiller parmi des tirages anciens. Ici, la sélection ne comprend que des sorties récentes, des éditions limitées de posters...
Venez jeter un œil pour le simple plaisir de la découverte ou pour trouver de quoi élargir votre collection. Les vendeurs sont de vrais connaisseurs et seront ravis de vous conseiller.

LES MARCHÉS

Les marchés ne font pas partie de la culture américaine à proprement parler mais la tendance est en traind de changer. En effet, le phénomène de marchés de produits locaux et de spécialités culinaires ou d'artistes proposant des articles vintage et des créations artisanales est en plein essor à New York. Voici nos adresses préférées :

Union Square Greenmarket

Union Square (angle Broadway et E 17th St) • M 14 St-Union Sq [L, N, Q, R, W, 4, 5, 6] • grownyc.org • 212 788 7900 • lu, me, ve, sa 8h-18h

Plan p. 56-57 17 E2

Ce marché, mis en place dans les années 1970, connaît un grand succès. En haute saison, se rassemblent plus de 140 producteurs et commerçants. On y trouve une grande variété de fruits et de légumes de saison, des fromages fermiers, des poissons fraichement péchés, de la charcuteries, du pain artisanal, des fleurs et des plantes. La qualité, l'origine, tout, ici, est garanti. Quelques démonstrations de cuisine animent aussi le marché.

Chelsea Market

WOW

75 9th Ave (entre W 15th St et W 16th St) • M 14 St [A, C, E], 8 St [L] • chelseamarket.com • 212 243 6005 • tlj 7h-21h (di 8h-20h)

Plan p. 56-57 3 B2

Cet ancien building industriel réhabilité en marché abrite des stands divers et variés : boucheries, poissonneries, boulangeries, pâtisseries... mais aussi des restaurants, des glaciers, des bars pour manger sur place. Au sous-sol, ne ratez pas le magasin "Chelsea Local" où vous trouverez des produits artisanaux locaux.

Canal Street Market

WOW

265 Canal St (entre Broadway et Lafayette St) • M Canal St [J, Z, N, Q, R, W, 4, 5, 6,] • canalstreet.market • 646 694 1655 • tlj 10h-22h (di 18h)

Plan p. 56-57 39 E5

À mi-chemin entre SoHo et Chinatown, faites un break dans ce marché design où l'on trouve à la fois des stands de nourriture, de mode, d'art, ou encore de vente de toutes sortes d'objets, bijoux ou souvenirs. C'est un lieu agréable où on vient faire quelques emplettes tout en prenant le temps de s'accorder une pause gourmande. Les vendeurs sont souvent des artisans locaux qui viennent vendre ici leurs créations originales. Les adolescents vont adorer !

Grand Central Market

89 E 42nd St (dans la gare de Grand Central) • M Grand Central-42nd St [S, 4, 5, 6, 7] • 212 340 2583 • grandcentralterminal.com • lu-ve 7h-19h, sa 10h-19h, di 11h-18h

Plan p. 68-69 23 F3

Probablement le plus inattendu des

marchés de Manhattan ! En effet, qui pourrait imaginer qu'un marché est lové au cœur de la gare de Grand Central ? Prenez le temps de déambuler entre les étals, vous y trouverez les meilleures sélections de fromages, pains et charcuteries de la ville. Central ? Vous pourrez aussi trouver des souvenirs à ramener de votre voyage comme ces cookies en forme de taxi new-yorkais. Sortez dans la rue côté Lexington Ave, vous êtes au pied du Chrysler Building !

Artists & Fleas

70 N 7th St (entre Kent et Wythe Ave) • M Bedford Ave [L] • artistsandfleas.com • 917 488 4203 • sa-di 10h-19h

Plan p. 114-115 5 F2

Depuis 2003, ce marché populaire regroupe une variété d'artistes et de créateurs indépendants. On y trouve des articles vintage, des vêtements, des bijoux, des posters, des photos et affiches uniques... Autant de petits trésors originaux qu'il sera plus que tentant de ramener dans vos valises !

LES OUTLETS

Quand on cherche à faire de très bonnes affaires à New York, on pense tout de suite aux outlets, ces magasins d'usine aux prix très attractifs. Seul problème, ils sont souvent assez éloignés des centres villes. Mais, depuis 2019, un outlet a ouvert ses portes en plein New York, sur Staten Island. Finis les trajets en bus interminables. Un bateau vous y emmènera gratuitement en moins de 20 min depuis la pointe sud de Manhattan. En prime, vous passerez devant la Statue de la Liberté !

Empire Outlets

55 Richmond Terrace (sur l'île de Staten Island) • M South Ferry/Whitehall St [R,W, 1], Bowling Green [4,5] puis le Staten Island Ferry • empireoutlets.nyc • tlj 10h-21h

En sortant du ferry à Staten Island, prenez sur la droite pour rejoindre le centre commercial à pieds. Vous y trouverez de nombreuses enseignes américaines qui proposent des réductions sur les collections des années précédentes. Parmi elles, on trouve Levi's, Nike, Gap, Old Navy, Columbia, Crocs... Prévoir au moins une demie journée. Vous aurez également accès à une offre de restauration sur place (Shake Shack, Wasabi, Häagen-Dazs,...).

Où est-ce qu'on dort ?

New York ne manque pas d'hôtels mais les prix sont plutôt élevés. Bonne nouvelle toutefois pour les familles, puisque bon nombre d'entre eux disposent de chambres avec deux grands lits, parfaites pour héberger votre tribu. Quand on parle de "grands lits", il faut savoir qu'il existe trois tailles :
***double bed* (137 × 190 cm),**
***queen bed* (152 × 203 cm),**
***king bed* (198 × 203 cm).**
Face au vaste choix possible d'hébergement, et outre le prix, l'emplacement dans Manhattan a aussi son importance. La ville étant très étendue, on ne peut pas tout faire à pied. Il va donc vous falloir hiérarchiser vos besoins et vos envies pour déterminer quel quartier est le mieux adapté pour votre séjour. Pas trop bruyant, pas trop de temps passé en transports en commun, accès facile au métro avec le minimum de marche... autant de critères à prendre en compte. Autre possibilité, la location d'appartement. Voici donc nos conseils pour faire le bon choix.

Les tarifs des hôtels varient en fonction du taux d'occupation et de la saison, comparez donc les sites des hôtels en direct avec ceux des centrales de réservation comme booking.com, expedia.com, hotels.com, laterooms.com... Les prix ne comprennent presque jamais le petit déjeuner et la taxe locale de 14,76%. Aidez-vous des avis des personnes ayant déjà séjourné dans les hôtels pour faire votre choix. Une alternative intéressante est la location d'appartement. Outre des économies sur l'hébergement, vous en ferez aussi au niveau des repas que vous pourrez prendre sur place. Voici quelques sites : airbnb.fr, friendlyrentals.com, homelidays.com, interhome.com ou waytostay.com.

LOWER MANHATTAN

Dans cette partie sud de la ville se trouvent deux quartiers à la mode : TriBeCa, une ex-zone industrielle où les entrepôts sont devenus des *lofts* hors de prix attirant des résidents jeunes, riches et célèbres et de belles chaînes d'hôtels; Lower East Side (LES), autrefois quartier traditionnel d'immigrants, est aujourd'hui en plein boom immobilier avec de nombreux hôtels branchés au milieu d'un quartier en pleine ébullition. Vous trouverez aussi de nombreux hôtels dans Financial District à la pointe sud de Manhattan. Le quartier est moins animé mais très bien desservi par les transports en commun.

DOWNTOWN

Séjourner à Soho, c'est vous exposer à de nombreuses tentations, car vous serez en plein cœur de la Mecque du shopping. Un peu plus haut se trouvent Chelsea et West Village, des quartiers résidentiels composés de charmants petits immeubles en brique rouge. Parfait pour être au calme, mais assez cher.

MIDTOWN

Si vous voulez voir la ville qui ne dort jamais, c'est à Times Square qu'il faut être ! Écrans gigantesques, cohorte ininterrompue de passants, restaurants à touristes, et bien sûr les théâtres de Broadway. En revanche, en vous éloignant un peu vers les quartiers de Midtown West, Turtle Bay ou Garment, vous serez plus au calme. Midtown East regroupe les monuments incontournables de Manhattan (Empire State Building, Chrysler Building, Grand Central Station, ONU), offrant un décor de carte postale.

UPPER MANHATTAN

Le haut de Manhattan est idéal pour se promener avec les bambins à Central Park sans prendre le métro. L'Upper West Side incarne le luxe avec ses immeubles mythiques des années 1930 et ses habitants célèbres. De l'autre côté du parc, l'Upper East Side rivalise de luxe. Ici résident les plus grandes dynasties de la ville. Vous pourrez aller à pied visiter les musées Guggenheim et Metropolitan. À l'ouest vous pouvez monter jusqu'à la 116th St et le quartier de Columbia University sans problème. A l'est, préférez des logements situés en dessous de la 96th St.

AUTRES BOROUGHS

Pour les budgets un peu serrés, séjourner en dehors de Manhattan peut s'avérer être un bon compromis. Assurez-vous par contre d'être assez proches d'une station de métro d'une ligne qui dessert bien la ville. Long Island City dans le Queens se trouve à moins de 3 arrêts de métro de Grand Central. Le quartier d'Astoria, dans le Queens, est un quartier très résidentiel desservi par plusieurs lignes de métro qui vous permettent de rejoindre Manhattan en moins de 20 min. Enfin Park Slope, à Brooklyn, est un joli quartier calme, avec un très grand parc, Prospect Park, idéal pour les enfants.

BROADWAY
ONE WAY
I NY

On fait comment ?

Pages réservées aux parents !

Elles ne sont pas interdites à nos plus jeunes lecteurs mais, soyons honnêtes, cela risque de leur sembler plutôt ennuyeux. L'organisation étant la base d'un séjour réussi, voici des informations pratiques pour faire de votre voyage à New York en famille un succès !

FORMALITÉS D'ENTRÉE

Votre passeport doit être valable au moins six mois après votre date d'entrée aux États-Unis. Si vous avez un passeport biométrique ou électronique en cours de validité, vous n'avez pas besoin de visa mais d'une simple autorisation électronique de voyage (ESTA) valable deux ans. Vous devez la remplir en ligne sur Internet au minimum 72 h avant votre départ sur **esta.cbp.dhs.gov** (coût 14 $ payable par carte bancaire). Attention aux arnaques ! De nombreux sites se présentent comme état le bureau offciel de l'ESTA et chargent des frais indus. Le seul site offciel est celui cité plus haut. L'ESTA est obligatoire aussi pour les enfants qui doivent posséder leur propre passeport. Attention, les autorités américaines sont très pointilleuses. Veillez donc à ce que vos passeports soient en parfait état sous peine de vous voir refuser l'entrée dans le pays. Vos appareils électroniques doivent être chargés lors du passage des contrôles d'accès à bord, faute de quoi les compagnies aériennes peuvent refuser que vous les preniez à bord de l'avion.

ARRIVÉE

EN AVION

Il existe trois aéroports à New York : John F. Kennedy Airport (JFK) à 16 km du centre de Manhattan, La Guardia Airport (LGA) à 13 km et Newark Liberty International Airport (EWR) à 26 km, dans le New Jersey. Pour rejoindre le centre de Manhattan, au choix : train, bus, navette collective *(shuttle)*, VTC ou taxi.

John F Kennedy (JFK)

• **EN AIRTRAIN** • C'est un métro automatique qui relie les terminaux de l'aéroport aux stations de métro ou de train pour Manhattan. Les lignes seront différentes en fonction du lieu que vous voudrez rejoindre : nord, sud, centre de Manhattan ou Brooklyn. 24h/24, 7j/7. Libre d'accès, le paiement s'effectue à la sortie. 7,75 $ par personne.

• **EN TRAIN** • Pour aller au centre de Manhattan, prenez l'AirTrain desservant Jamaica Station (ligne rouge). À Jamaica, suivez les indications Long Island Rail Road (LIRR) pour prendre un train rapide à destination de Penn Station. Comptez entre 15 et 19 $ par personne en fonction des horaires. 35 min de trajet.

• **EN MÉTRO** • Ce moyen de transport est plus économique, mais plus long que le train. Vérifiez la direction de votre métro qui peut aller vers le Nord (Uptown) ou vers le Sud (Downtown). Pour le centre et le nord de Manhattan, prenez l'AirTrain jusqu'à Jamaica, puis le métro ligne E (1h-1h30). Vers Brooklyn ou le sud de Manhattan, prenez l'AirTrain jusqu'à Howard Beach, puis le métro ligne A vers le sud : 10,5$ par personne (AirTrain inclus).

• **EN BUS** • La compagnie New York City Airporter dessert les trois gares routières de Manhattan : Grand Central Station, Penn Station et Port Authority Bus Terminal. 19 $ par personne (réservation en ligne). 45 min de trajet.

• **EN SHUTTLE** • Des navettes collectives assurent un service plus personnalisé et vous conduisent à l'endroit de votre choix. 20 à 30 $ par personne. Plein tarif pour les enfants à partir de 3 ans. À réserver sur **goairlinkshuttle.com**.

• **EN TAXI** • Solution pratique et rentable à partir de 3 passagers. Évitez les chauffeurs de taxi clandestins, ne prenez que des taxis officiels, les *yellow cabs* (facile, ils sont jaunes !). Prix fixe de 52 $ pour Manhattan, auquel il faut ajouter les taxes de la ville et un pourboire autour de 20%, ce qui porte le prix de la course à 75 $ environ, sans compter le péage des ponts le cas échéant. Pour les autres *boroughs*, le prix est calculé directement au compteur. Carte de crédit acceptée. Moins de 1h de trajet.

• **VTC** • Commandez votre Uber ou autre avant de suivre les indications de l'application pour trouver votre point de rendez-vous. Suivez les panneaux *Passenger Pick-up*.

Newark Liberty (EWR)

• **EN TRAIN** • Depuis votre terminal d'arrivée, prenez la navette AirTrain Newark jusqu'à la station Newark Liberty International Airport (10 min de trajet). De là, achetez un billet pour Manhattan (arrêt Penn Station NY, à ne pas confondre avec Penn Station Newark). 15,25 $ par personne avec la compagnie New Jersey Transit (NJT), enfant (5-11), 3,5 $, (– 5) gratuit. Avec la compagnie Amtrak, le tarif est deux à trois fois plus cher. 35 min de trajet.

• **EN BUS** • Suivez les panneaux Newark Airport Express. Le service de bus dessert plusieurs arrêts sur la 42th St de Manhattan : Port Authority Bus Terminal, Bryant Park et Grand Central Terminal. De 4h à 1h du matin, départ toutes les 15 ou 30 min en journée. 17 $ par personne. Enfant (– 5) gratuit, (5-11) 5 $ et (12-16) 10 $. Achat des tickets dans le bus.

• **EN SHUTTLE** • Ces navettes collectives vous conduisent à votre destination. Comptez 20 à 30 $ par personne. Plein tarif pour les enfants à partir de 3 ans. À réserver sur **goairlinkshuttle.com**.

• **EN TAXI** • Utilisez uniquement les taxis accrédités. 50 à 75 $ (au compteur), plus 20 % de pourboire, le prix du péage des ponts *(bridge tolls)*, un supplément pour les gros bagages et un autre de 5 $ aux heures de pointe. Le mieux est de convenir d'un prix au départ. 45 min de trajet.

• **EN VTC** • Commandez votre Uber ou autre avant de suivre les indications de l'application pour trouver votre point de rendez-vous. Suivez les panneaux *Passenger Pick-up*.

La Guardia (LGA)

Aéroport réservé principalement aux vols domestiques.

• **EN BUS** • Le bus express Q70 permet d'effectuer la connexion vers les lignes de métro E, F, M, R, et 7 (stations Jackson Heights et Woodside Subway) pour rejoindre Manhattan. Le bus M60 SBS vous emmène au nord de Manhattan d'où vous pourrez rejoindre les lignes de métro 1, 2, 3, 4, 5, 6, A, B, C, D (stations 125 St et 116 St). 2,75 $ par personne. 20 à 60 min de trajet.

• **EN SHUTTLE** • Rendez-vous au comptoir *Ground Transportation Desk* (ou réservation sur **goairlinkshuttle.com**). 20 à 30 $ par personne. Plein tarif à partir de 3 ans.

• **EN TAXI** • Utilisez uniquement les taxis accrédités. 20 à 35 $ (au compteur), plus 20 % de pourboire et péages. 20 à 45 min de trajet.

• **EN VTC** • Commandez votre Uber ou autre avant de suivre les indications de l'application pour trouver votre point de rendez-vous. Pour retrouver votre chauffer, suivez les panneaux *Passenger Pick-up*.

TRANSPORTS

LA METROCARD

Cette carte de transports est valable dans les bus et le métro. Il existe plusieurs tarifs selon le nombre de trajets souhaités et la durée. Deux formules sont proposées (1 $ la carte) : la *Pay-Per-Ride* (Regular) MetroCard et la Unlimited Ride MetroCard. Le principe : vous créditez ou rechargez la *Pay-Per-Ride MetroCard* au fur et à mesure de vos besoins (5,50 à 80 $) dans les distributeurs automatiques du métro. On peut aussi l'utiliser sur l'AirTrain de l'aéroport JFK. Chaque trajet débite la carte de 2,75 $. Vous avez droit à une correspondance (bus ou métro) dans les 2 h qui suivent le premier trajet. L'*Unlimited Ride MetroCard* permet un nombre de trajets illimités en bus ou en métro : formule de 7 jours à 33 $, 30 jours à 121 $ (enfant - 1,12 m, gratuit). Attention, pour pouvoir prendre les bus Express sans supplément, il faut prendre la *carte 7-Day Express Bus* Plus (62 $). Informations sur **mta.info**

LE MÉTRO

Le *subway* fonctionne de jour comme de nuit. Attention, il vaut mieux savoir, avant même de s'engager dans la station, si l'on se dirige vers Uptown (vers le nord) ou Downtown (vers le sud), car les entrées peuvent être indépendantes selon la direction et sans couloir de correspondance. Il existe peu de lignes dans l'axe est-ouest *(crosstown)*. Certaines lignes sont *express* et sautent des stations, alors que d'autres sont *local* et marquent tous les arrêts. Sur le même quai passent des métros allant dans différentes directions, vérifiez donc bien avant de monter dans quelle direction va le train. Trajet à l'unité : 3 $ quelle que soit la distance, 2,75 $ avec la MetroCard (enfant -1,12 m, gratuit). Attention les soirs et week-ends, les lignes peuvent changer à cause de travaux. Vérifiez bien les indications présentes en stations ou rendez-vous sur le site **web.mta.info/weekender**.

LE FERRY

Depuis 2017, la ville de New York a mis en place un système de ferry, le NYC Ferry, qui relie de nombreux arrêts dans les 5 *boroughs*, principalement le long de l'East River. Ce moyen de transport, très pratique pour relier par exemple Manhattan aux quartiers de Williamsburg ou Dumbo à Brooklyn, permet également d'avoir de jolies vues sur la ville. Le trajet coûte 2,75 $, (enfant -1,12 m, gratuit). Les transferts entre les différentes lignes sont gratuits. Les ferrys circulent tous les jours de l'année de 6h30 à 22h. Infos sur **ferry.nyc**.

LE BUS

Les bus fonctionnent 24h/24. Ils suivent les avenues du nord au sud et les rues d'est en ouest. Quand l'arrêt du bus mentionne *limited* ou *SBS*, il s'agit d'un bus express qui s'arrête seulement tous les dix blocs. Vérifiez avant de monter. Les bus en direction de Manhattan portent un numéro précédé de la lettre M, ceux du Bronx de la lettre B, et ceux du Queens de la lettre Q. On peut prendre le bus avec une MetroCard (2,75 $) ou acheter un ticket à l'unité (3 $) auprès du chauffeur (enfant -1,12 m, gratuit). Prévoyez de la monnaie, car seuls les *quarters*, 25 cts, sont acceptés. Attention, il est impératif de plier sa poussette avant de monter dans le bus.

LE TAXI

Les taxis sont nombreux. Il est facile de les repérer, car ils sont jaunes, d'où leur nom de *yellow cabs*.
Un taxi est libre si, sur son toit, l'ampoule du milieu est allumée; si elle est éteinte, il est pris. Les lumières sur le bord signifient qu'il est *off duty*, c'est-à-dire qu'il a fini son service. On peut arrêter un taxi n'importe où en levant la main. Ils sont plutôt bon marché comparés aux tarifs pratiqués en France. Il existe aussi des taxis verts qui font la liaison entre Manhattan et les autres *boroughs*.

LE VTC

Plusieurs compagnies se partagent le marché: Uber, Lyft, Via... Pour les utiliser, vous devez installer leur application sur votre smartphone. Pour Uber, vous pouvez utiliser aux États-Unis votre compte français. Plusieurs formules sont proposées : *sharing* (en partageant le trajet avec d'autres personnes, vous économisez sur le prix de la course), normal (la voiture vous est réservée), XL (pour transporter jusqu'à 6 personnes), pratique pour les grandes familles, et avec siège enfant (la voiture en est équipée, ce qui n'est pas le cas des taxis). Les prix fluctuent en fonction de la demande et sont souvent inférieurs au prix des taxis. Comparez avant de réserver!

INFOS TOURISTIQUES

LES BUS TOURISTIQUES

Les *Double Decker Bus Tours* sont une façon pratique de visiter les différents quartiers de la ville. Ces bus à deux niveaux (dont le niveau supérieur est à l'air libre) s'arrêtent devant chaque site touristique. Vous pourrez monter et descendre autant de fois que vous le désirez (*hop-on, hop-off*, en anglais). Il existe de nombreuses compagnies pour ce type de visite, mais nous vous recommandons Big Bus Tours. Plusieurs formules sont proposées sur un ou plusieurs jours en combinant ou non avec des visites ou des croisières. Tarifs pour un jour : adulte 55 $, enfant (3-15) 45 $, (-3) gratuit (promotions en ligne). Casque audio avec commentaires en français gratuit. Possibilité de charger les tickets sur votre mobile et de télécharger une application qui vous permet d'avoir les horaires des prochains bus. Wifi gratuit à bord. Informations sur **bigbustours.com**.

LES MUSÉES

La plupart des musées admettent les enfants de moins de 12 ans gratuitement, s'ils sont accompagnés d'un adulte payant. Renseignez -vous à l'entrée sur l'existence de matériel plus spécifiquement destiné aux enfants, comme une *family map* (plan listant les activités les plus intéressantes pour les enfants). Beaucoup de musées donnent un autocollant à mettre sur les vêtements en guise de billet d'entrée. Valable toute la journée il permette d'entrer et de sortir à volonté.

LES BATEAUX

Le Staten Island Ferry est un moyen de transport idéal pour voir Manhattan sous un autre angle. Ce ferry gratuit opère 24h/24. Départ de Whitehall St (Lower Manhattan). À faire plutôt en fin d'après-midi pour profiter du coucher de soleil. Le NY Ferry et les Water Taxis (p. 34) sont aussi une manière pratique et originale pour vous rendre d'un lieu à l'autre.

LE NEW YORK CITY PASS

Il esiste 2 pass : le **New York City Pass** ou le **C3**. Le premier comprend une entrée pour 6 musées ou attractions de New York au tarif adulte de 132 $, enfant (6-17) 108 $, le deuxième comprend 3 musées au choix au tarif adulte de 84 $, et enfant (6-17) 64 $. Valables 9 jours consécutifs à partir de la première utilisation. Ces pass permettent d'éviter la plupart des files d'attente puisque vous pourrez emprunter les files *Fast Track* avec vos billets en mains (sous la forme d'un carnet ou sur votre smartphone). Calculez bien les réductions avant de choisir ces pass en prenant en compte que de nombreux musées sont gratuits pour les moins de 12 ans et que certains sont gratuits une journée par semaine pour un créneau horaire défini. Informations sur le site : **citypass.com/new-york**.

LE NEW YORK PASS

Vous pouvez choisir parmi plus de 100 attractions possibles avec ce Pass qui propose 7 durées différentes : de 1 jour, adulte 134 $, enfant (4-12) 101 $, jusqu'à 10 jours, adulte 469 $, enfant (4-12) 299 $. Sachez qu'il faut faire au moins 2 à 3 visites dans la journée pour le rentabiliser. Ce type de pass est toujours un casse-tête. Compte tenu des distances à parcourir, de l'âge des enfants et du temps que vous voulez consacrer aux visites, il vous faut faire des calculs comparatifs. Plus d'infos sur **newyorkpass.com**.

LE PASS EXPLORER

Avec ce Pass, vous pouvez choisir le nombre de musées ou attractions de New York que vous souhaitez visiter (parmi une liste de plus de 90) : 3, 4, 5, 7, ou 10. Une fois activé, en visitant votre première attraction, vous avez 30 jours pour visiter le reste. Pas besoin de choisir vos attractions à l'avance, vous vous présentez directement sur les lieux avec votre Pass imprimé ou sur votre smartphone. Les prix varient de 94 $ par adulte ou 70 $ par enfant (3-12) pour 3 attractions à 270$ par adulte ou 170$ par enfant pour 10 attractions. Faites des calculs comparatifs avant de choisir vos attractions car n'oubliez pas que certains musées sont gratuits pour les moins de 12 ans ou même gratuits à certains moments de la semaine. Plus d'infos sur **gocity.com/new-york**.

VIE PRATIQUE

APPAREILS ÉLECTRIQUES

Le voltage utilisé aux États-Unis est de 110 V. Les prises de courant comportent deux fiches plates. Il vous faudra donc un adaptateur. La plupart des hôtels en prêtent, mais sinon vous pourrez toujours en acheter dans n'importe quel magasin Duane Reade ou dans une boutique de quartier (environ 10 $).

APPLICATIONS

Aujourd'hui, voyager sans son smartphone semble impossible. En revanche, vérifiez si votre forfait français vous donne accès sans surcoût au réseau américain, sinon utilisez uniquement le wifi pour ne pas avoir de mauvaises surprises. Voici notre sélection d'applis sympas, utiles qui fonctionnent, pour certaines, hors connexion.

New York Subway MTA Map and Route Planner : pour avoir la carte du métro et calculer facilement vos itinéraires (Android et iOS).

Google Map : la fonctionnalité "Plans hors connexion" de l'application permet de charger la carte de New York pour y avoir accès même sans réseau (Androïd et iOS).

XE Currency : pour maîtriser vos dépenses (Androïd et iOS).

BABY-SITTING

Pour trouver la perle rare pour s'occuper de vos enfants, voici quelques sites : **babysittersguild.com**, **care.com/child-care**. Le concierge de votre hôtel pourra également vous donner des contacts. Comptez au minimum 15 $ de l'heure (20 $ pour deux enfants), plus les frais de retour en taxi en soirée. 4h de service minimum.

BANQUES

Si vous voulez changer de l'argent, sachez que très peu de banques font du change. Dans les bureaux de change, les commissions sont très élevées et encore plus dans les aéroports qu'en centre-ville. Nous vous conseillons donc de retirer aux distributeurs automatiques (ATM). On en trouve un peu partout, même dans certaines épiceries. Chaque retrait fait l'objet d'une commission prélevée à la fois par la banque du distributeur et par votre banque.

MONNAIE

L'unité monétaire est le dollar. Il existe des billets de 1, 5, 10, 20, 50, 100, 500 et 1000 $. Regardez bien les chiffres, car tous les billets se ressemblent. Les coupures de plus de 50 $ sont parfois refusées. Les pièces sont de 1 cent *(penny)*, 5 cents *(nickel)*, 10 cents *(dime)*, 25 cents *(quarter)*.

POURBOIRE

Le pourboire *(tip)* constitue la quasi-totalité du salaire du personnel qui sert dans la restauration. Quelle que soit la qualité de service, il est d'usage de laisser un pourboire de 18 à 20% de la note aux cafés et restaurants (plus simplement, donnez deux fois la taxe en *tip*). Par contre, vérifiez bien votre note car souvent les restaurants incluent déjà ce pourboire sous la forme d'une ligne "*gratuity*" de 20 % craignant que les touristes oublient cette contribution. Prévoyez 10 à 15 % du trajet au taxi, 1$ par verre dans un bar, 5$ pour le bagagiste dans un hôtel. Pas de pourboire dans les *fast-foods*.

TAXES

Attention, tous les prix sont affichés sans taxe. Il faut donc ajouter, à tous les prix, 14,76 %, et 3,50 $ par nuit sur les prix des chambres d'hôtel ou des locations d'appartements, 8,875 % pour les biens de consommation et pour la restauration. Bonne nouvelle, les chaussures et vêtements de moins de de 110 $ sont exempts de taxe.

INTERDICTIONS

Quelques règles importantes :
– il est formellement interdit de transporter de l'alcool dans les endroits publics sans couvrir la bouteille.
– on ne peut pas boire de l'alcool dans les espaces publics.
– il est interdit de fumer (cigarette électronique incluse) dans les lieux publics fermés et de plein air comme Times Square.

SANTÉ

Nous vous conseillons de souscrire avant votre départ une assurance couvrant les frais médicaux et le rapatriement sanitaire car les soins coûtent très cher aux États-Unis. Un certain nombre de cartes bancaires couvrent le titulaire, le conjoint et les enfants ; mais renseignez-vous auprès de votre banque pour valider. Une ordonnance française est inutilisable sur le sol américain (les médicaments ne portant parfois pas les mêmes noms). Munissez-vous donc de votre stock de médicaments et de la copie de l'ordonnance correspondante pour la douane.

En cas de problème, rendez-vous aux urgences d'un hôpital plutôt que chez un médecin.
Urgences : Lenox Hill Hospital, 100 E 77th St • Ⓜ77th St [6] • 212 434 2000

Pharmacie : Cherry's Pharmacy. 207 E 66th St • Ⓜ68th St-Hunter College [6] • 212 717 7797.
Dans cette pharmacie, on parle français, ce qui est bien pratique pour avoir un conseil.
Vous pouvez consulter la liste des médecins francophones sur le site du consulat de France à New York : **consulfrance-newyork.org**.

URGENCES

Pour contacter la police, les pompiers ou une ambulance, composez le 911 depuis n'importe quel téléphone.

Où est passé mon enfant ?
Donnez à votre adolescent ou accrochez autour du cou de votre enfant une carte où sont inscrits votre adresse locale et votre numéro de téléphone portable sans le 0.
Ex. : pour le 06 xx xx xx xx en France, écrivez +33 6 xx xx xx xx.

Réponses aux jeux de piste

Regardons si vous avez trouvé toutes les bonnes réponses.

JEU DE PISTE 1

Balade dans West Village (p. 144)

1. Jenga
2. Pablo Picasso
3. 8
4. Les échecs
5. Jumeaux – Jumelles
6. Piano à queue
7. Space Invaders
8. Une pharmacie
9. Un serrurier
10. La plus étroite (3 m)
11. En bois
12. Georges Segal
13. Un arc-en-ciel
14. Général Philip Sheridan
15. Jefferson Market Public Library

JEU DE PISTE 2

Sur les bords de l'Hudson (p. 153)

1. Rouge-orangé
2. Elizabeth Ann Seton
3. Keith Haring
4. Un aigle
5. Statue of Liberty
6. The Immigrants
7. Giovanni da Verrazzano
8. Un tuba et un luth
9. Louise Bourgeois
10. Colgate
11. The Upper Room
12. Du mur de Berlin
13. Walt Whitman
14. One World Observatory
15. L'Irlande
16. Des playgrounds
17. Il lit un livre
18. Hudson et East river

JEU DE PISTE 3

À la découverte de Midtown (p. 162)

1. Maine
2. Brooklyn Diner
3 Des salamandres
4. Burger Joint
5. Paris
6. Eloise
7. Sherman
8. Turquoise
9. Avenue of the Americas
10. Danse, théâtre, musique
11. 9
12. NBA
13. Des lions

LES PREMIERS MOTS

Oui : Yes
Non : No

Merci : Thank you
S'il vous plaît : Please
Pardon, excusez-moi : Sorry, excuse me
Désolé(e) : Sorry
Salut : Hello, hi
Au revoir : Goodbye
À bientôt : See you soon
Bonjour : Good morning
Bon après-midi : Good afternoon
Bonsoir : Good evening
Bonne nuit : Good night
Je ne comprends pas : I don't understand

Je m'appelle : My name is...
Comment dit-on en anglais... ? : How do you say in English...?
Je : I
Tu : You
Il : He
Elle : She
Nous : We
Vous : You
Ils, elles : They
Comment allez-vous ? : How are you?
Enchanté ! : Nice to meet you!
Bien, bon : Good
Mal, mauvais : Bad
Femme, épouse : Wife
Mari : Husband
Fille : Daughter
Fils : Son
Mère, maman : Mother, mum, mommy
Père, papa : Father, dad, daddy
Frère : Brother
Sœur : Sister
Ami : Friend

SHOPPING

Combien ça coûte ? : How much is it?
Qu'est-ce que c'est ? : What is this?
Je le prends, je l'achète : I'll buy it
Je voudrais acheter... : I would like to buy...
Avez-vous... ? : Do you have...?
Acceptez-vous les cartes de crédit ? : Do you accept credit cards?
Ouvert : Open
Fermé : Closed
Plus grand : Bigger size
Plus petit : Smaller size

Je voudrais un paquet cadeau : I would like a gift wrap

AU RESTAURANT

Petit déjeuner : Breakfast
Déjeuner : Lunch

Dîner : Dinner
Végétarien : Vegetarian
J'ai faim : I'm hungry
J'ai soif : I'm thirsty
Menu enfant : Kid's menu
L'addition, s'il vous plaît : The check, please
Chaud : Hot
Froid : Cold
Un peu : A little
Beaucoup : A lot
Bien cuit : Well done
Saignant : Rare
À point : Medium rare
Bio : Organic
Agneau : Lamb
Bière : Beer

Bœuf : Beef
Café : Coffee
Chocolat : Chocolate
Chocolat chaud : Hot chocolate
Crème chantilly : Whipped cream
Confiture : Jam
Eau plate : Still water
Eau gazeuse : Sparkling water
Eau du robinet : Tap water
Fruit : Fruit
Frites : Chips
Glace : Ice cream
Glaçons : Ice, ice cubes
Jus : Juice
Lait : Milk
Œuf : Egg
Pain : Bread
Poisson : Fish
Poivre : Pepper
Pomme de terre : Potato
Porc : Pork
Poulet : Chicken
Salade : Salad
Saucisse : Sausage
Sel : Salt
Sucre : Sugar
Thé : Tea
Viande : Meat
Vin : Wine

SE DÉPLACER

Où est... ? : Where is...?
Billet : Ticket
Quel est le prix du billet ? : How much is the fare?
Aller simple : Single ticket
Aller retour : Return ticket, round trip
Métro : Subway
Aéroport : Airport
Gare : Train station
Station de métro : Subway station

À L'HÔTEL

Départ : Departure
Arrivée : Arrival

Chambre : Room
Réservation : Booking
Réserver : To book
Complet : Full
Calme : Quiet
Étage élevé : High floor
Rez-de-chaussée : First floor
Chambre communicante : Inter connecting room
Petit déjeuner inclus : Breakfast included
Lit supplémentaire : Extra bed
Lit pour bébé : Crib bed
Gratuit : Free of charge
C'est trop cher : It's too expensive
Ascenseur : Elevator

SE REPÉRER

À gauche : Left
À droite : Right
Tout droit : Straight on
En haut : Up
En bas : Down
Loin : Far
Près, proche : Near
Long : Long
Court : Short
Carte : Map
Information touristique : Tourist information
Musée : Museum
Banque : Bank
Poste de police : Police station
Hôpital : Hospital
Docteur : Doctor
Pharmacie : Pharmacy, drugstore
Magasin : Store, shop
Restaurant : Restaurant
Toilettes : Restrooms
Rue : Street
Place : Square
Piscine : Swimming pool
Tour : Tower
Pont : Bridge
Distributeur : ATM
Sortie : Way out

HEURE ET DATE

Quelle heure est-il ? : What time is it?
Jour : Day
Semaine : Week
Mois : Month
An, année : Year
Lundi : Monday
Mardi : Tuesday
Mercredi : Wednesday
Jeudi : Thursday
Vendredi : Friday
Samedi : Saturday
Dimanche : Sunday
Aujourd'hui : Today
Hier : Yesterday
Demain : Tomorrow
Joyeux anniversaire ! : Happy birthday!

INDEX